Mechthild Dehn/Petra Hüttis-Graff

Zeit für die Schrift:
Beobachtung, Diagnose, Lernhilfen

Lehrerbücherei
Grundschule

Herausgeber

GABRIELE CWIK war Rektorin an einer Grundschule und pädagogische Mitarbeiterin im Ministerium für Schule und Weiterbildung des Landes Nordrhein-Westfalen. Sie ist Schulrätin in der Schulaufsicht der Stadt Essen und zuständig für Grundschulen.

DR. KLAUS METZGER ist Regierungsschulrat, zuständig für alle fachlichen Fragen der Grundschule und die zweite Phase der Lehrerausbildung für Grund- und Hauptschulen im Regierungsbezirk Schwaben/Bayern.

Die Autorinnen:

MECHTHILD DEHN (Lehrerin, Dr. phil.) ist Professorin für Erziehungswissenschaft/Didaktik der deutschen Sprache und Literatur (Schwerpunkt Grundschule) an der Universität Hamburg.

PETRA HÜTTIS-GRAFF (Lehrerin, Dr. phil.) ist Professorin für Erziehungswissenschaft/Didaktik der deutschen Sprache und Literatur (Schwerpunkt Grundschule) an der Universität Hamburg.

Mechthild Dehn/Petra Hüttis-Graff

Zeit für die Schrift: Beobachtung, Diagnose, Lernhilfen

Schulanfangsbeobachtung
Lernbeobachtung Schreiben und Lesen
Für Schulanfang und Jahrgang 1

„Zeit für die Schrift" Band I und II sind die Neubearbeitung und wesentliche Erweiterung der 4. Auflage 1994 (Kamp Verlag Bochum). Die in diesem Werk angegebenen Internetadressen haben wir überprüft (Redaktionsschluss Dezember 2009). Dennoch können wir nicht ausschließen, dass unter einer solchen Adresse inzwischen ein ganz anderer Inhalt angeboten wird.

Abbildungen S. 142–146: Charlotte Wagner, Dortmund

www.cornelsen.de

Bibliografische Information: Die Deutsche Bibliothek verzeichnet diese Publikation in der Deutschen Nationalbibliografie; detaillierte bibliografische Daten sind im Internet über http://dnb.ddb.de abrufbar.

Dieser Band folgt den Regeln der deutschen Rechtschreibung, die seit August 2006 gelten.

2. Auflage 2010
© 2006 Cornelsen Verlag Scriptor GmbH & Co. KG, Berlin
Das Werk und seine Teile sind urheberrechtlich geschützt. Jede Nutzung in anderen als den gesetzlich zugelassenen Fällen bedarf deshalb der vorherigen schriftlichen Einwilligung des Verlags. Hinweis zu den §§ 46, 52a UrhG: Weder das Werk noch seine Teile dürfen ohne eine solche Einwilligung eingescannt und in ein Netzwerk eingestellt oder sonst öffentlich zugänglich gemacht werden.
Dies gilt auch für Intranets von Schulen und sonstigen Bildungseinrichtungen.
Projektleitung: Gabriele Teubner-Nicolai, Berlin
Redaktion: Daniela Brunner, Düsseldorf
Herstellung: Brigitte Bredow, Berlin
Umschlaggestaltung: Claudia Adam, Darmstadt; Torsten Lemme, Berlin
Umschlagfoto: Mechthild Dehn, Hamburg
Satz und Layout: Julia Walch, Bad Soden
Druck: CPI – Clausen & Bosse, Leck
Printed in Germany
ISBN 978-3-589-05104-5

Gedruckt auf säurefreiem Papier,
umweltschonend hergestellt aus chlorfrei gebleichten Faserstoffen.

Inhalt Band II

Vorwort 8

1 Beobachten als didaktische Aufgabe 10
Wahrnehmen und Lernen 10
Beobachtung und Diagnose 13
Beobachten und Verstehen: die Fragen 16
Beobachten und Unterrichten 20
Übersicht: Schulanfangsbeobachtung – Lernbeobachtung 25

SCHULANFANG

2 Die Schulanfangsbeobachtung: Konzeption und Aufbau 26
Anfänge finden: für das Lehren und Lernen 26
Soziale Kontexte: Chancen zum Beobachten und Lernen 28
Komplexe Aufgaben: Zugriffe herausfordern und beobachten 29

3 Das Leere Blatt 32
Aufgabe und Durchführung 32
Auswertung mit dem Beobachtungsbogen 33
Vivian und Emine: Beispiele für die Entwicklung von Lernhilfen 41

4 Memory mit Schrift 45
Aufgabe und Durchführung 45
Auswertung mit dem Beobachtungsbogen 47
Sonja und Chris: Beispiele für die Entwicklung von Lernhilfen 52

5 Diagnose des Könnens 55
Buchstabenkenntnis: die Aufgabe 55
Auswertung: der Begriff von Schrift 56
Reimen: die Aufgabe 59
Auswertung: die Vergegenständlichung der Sprache 60

KLASSE 1

6 **Lernbeobachtung Schreiben und Lesen in Klasse 1: Konzeption und Aufbau** 63
Beobachtungen im Unterricht 63
„Qualität" der Fehler 63
Systematische Lernbeobachtung 64
Schreibaufgaben 66
Leseaufgaben 67
Termine 68

7 **Lernbeobachtung Schreiben** 70
Durchführung 70
Auswertung: Zahl der richtigen Buchstaben 72
Auswertung: Art der Zugriffsweise 74
Signale für lang anhaltende Schwierigkeiten und Lernhilfen 77
Beispiele für Lernentwicklungen und Lernhilfen 78

8 **Lernbeobachtung Lesen** 85
Durchführung 85
Auswertung: Zahl der richtigen Wörter, Wortteile und Buchstaben 92
Auswertung: Art der Zugriffsweise 93
Signale für lang anhaltende Schwierigkeiten und Lernhilfen 95
Beispiele für Lernentwicklungen und Lernhilfen 97

9 **Lernbeobachtung als Voraussetzung für frühe Lernhilfen** 100
Anja und Carla: Frühe Unterschiede der Zugriffsweise beim Lesen als Indizien für unterschiedliche Lernwege 100
Marco und Sandra: Schwierigkeiten beim Lesenlernen als Erziehungsproblem oder als Denkproblem? 103
Nadine und Björn: Herausforderungen fortgeschrittener Lese- und Schreibanfänger 109

10   **Lernhilfen und Unterricht** 112
Lehrerhilfen bei Leseschwierigkeiten 112
Schriftorientierung als Unterrichtsprinzip 115

Literatur 120

Anhang 123
Material für die Beobachtungsaufgaben   124
Auswertungsbögen   131
Lernspiel: Wer bekommt das Bild?   141
Übersicht: Beobachtungs- und Diagnoseverfahren
und standardisierte Tests   147
Lernbeobachtungen und Lernhilfen im Überblick   158

Register   165

Inhalt Band I

Vorwort

1 Einleitung

2 Einblicke in den Lernprozess

3 Über Kulturtechnik und Schriftkultur

4 Lernschwierigkeiten und Nicht-Lernen: Schulgeschichten

5 Über Schrift

6 Über die Passung von Lernprozess und Unterricht

7 Schreibunterricht in Klasse 1

8 Leseunterricht in Klasse 1

Literatur
Anhang: Kopiervorlagen und Fragebögen zum Wörterbuch
Register

Vorwort

"Zeit für die Schrift" – das sind die Jahre vor und nach dem Schulbeginn: Die Kinder werden aufmerksam auf die Zeichen, die „die Welt verändern"; sie lassen sich dafür interessieren; sie müssen sich in dieser Zeit die Grundlagen des Lesens und Schreibens aneignen. Lang anhaltende Schwierigkeiten bei der grundlegenden Orientierung haben gravierende Folgen für Schulkarriere und Lebenslauf. Dem gilt es vorzubeugen – und zugleich den Kindern im Unterricht gerecht zu werden, die in ihrem Schrifterwerb bei Schulbeginn schon weit fortgeschritten sind.

Lernförderlicher Unterricht besteht vor allem darin, Lernprozesse anzuregen und zu sichern: durch Aufgabenstellungen, die der Funktion und der Struktur von Schrift gemäß sind, durch Konfrontation mit Schwierigkeiten, in Situationen dialogischen Lernens, im sozialen Kontext der Klasse, durch Übungen, die Einsichten in die Struktur der Schrift festigen und Erfolg bestätigen, durch Projekte – über die Klasse hinausgehend – mit der Lebenswelt der Kinder. *Band I* begründet ein pädagogisches Konzept für den Anfangsunterricht, in dem Formen offenen Lernens mit stärker gelenkten Unterrichtsformen verbunden werden können. Wichtigster Grundsatz ist die Passung von Lernprozess und Unterricht.

Voraussetzung dafür ist, dass Lernprozesse beobachtet werden. Dazu bedarf es eines Instrumentariums. Das stellt *Band II* mit der SCHULANFANGSBEOBACHTUNG und der LERNBEOBACHTUNG Lesen und Schreiben in Klasse 1 (November, Januar, Mai) bereit. Er enthält als Kopiervorlagen auch das Material für die Aufgaben und die Beobachtungsbögen für die Auswertung. Wenn man sich im Verhältnis zu großen Vergleichsgruppen ein Bild machen möchte über das einzelne Kind oder auch über die ganze Klasse, kann man Lernvoraussetzungen und -ergebnisse mit Diagnoseverfahren und Tests erheben. Band II gibt einen Überblick und detaillierte Informationen über die Vielfalt der erhältlichen Verfahren (s. die Übersicht, S. 147 ff.).

Mit der SCHULANFANGSBEOBACHTUNG und der LERNBEOBACHTUNG Lesen und Schreiben im November kann Lernschwierigkeiten bereits in den ersten Schulwochen und -monaten begegnet werden. Die Beobachtung individueller Lernprozesse kann Grundlage für individuelle Lernhilfen sein. Lernförderlicher Unterricht darf sich aber nicht darauf beschränken. Lernprozesse sind immer individuell; sie sind nicht eine direkte Folge von Lehrprozessen. Eine 1:1-Beziehung von Lehren und Lernen gibt es nicht.

Lernen ist immer dann besonders effektiv, wenn die Lernenden mit Interesse bei der Sache sind – dabei spielt die Lerngruppe eine wichtige Rolle. Die Kinder für Schrift, für Lesen und Schreiben zu interessieren, ist Aufgabe des Unterrichts. Das fällt bei Kindern, die aus schriftfremder Umgebung kommen, manchmal sehr schwer. Beide Bände zeigen Lernentwicklungen solcher Kinder; Band I stellt Praxishilfen (Kopiervorlagen für Aufgaben) bereit, Band II enthält Lernhilfen, die mit den Beobachtungsverfahren korrespondieren und gleichermaßen für den Unterricht der Klasse wie für individuelle Lernhilfen genutzt werden können.

In der gegenwärtigen starken Betonung von Beobachtungs-, Diagnoseverfahren und Tests in Schuladministration und Schulalltag sehen wir die Gefahr, dass der Unterricht der Klasse, der Unterricht des Einzelnen in der Klasse zu kurz kommt. Das ist für uns das Motiv, „Zeit für die Schrift", 1988 zuerst erschienen und bis jetzt in 4. Auflage im Handel, nun in zwei Bänden neu herauszubringen – mit dem Ziel, Bewährtes beizubehalten, es zu aktualisieren und auf den gegenwärtigen Forschungsstand zu beziehen:
- in Band I ein Unterrichtskonzept, das individuelle Lernhilfen integriert,
- in Band II langjährig erprobte Instrumente zum Beobachten als didaktischer Aufgabe.

Die LERNBEOBACHTUNG Lesen und Schreiben wurde 1984/85 in Kooperation mit der Hamburger Schulbehörde im Rahmen der Lehrerfortbildung entwickelt; sie ist in diesem und den folgenden Schuljahren in über 80 Klassen erprobt und bestätigt worden (vgl. die Arbeitshilfe „Schreiben- und Lesenlernen. Beobachtung des Lernprozesses im 1. Schuljahr". Behörde für Schule und Berufsbildung, Hamburg 1987). Gefördert wurde die Entwicklung des Unterrichtskonzepts durch die finanzielle Unterstützung der Deutschen Forschungsgemeinschaft (Lehrerhilfen bei Leseschwierigkeiten) und die Universität Hamburg.

Die SCHULANFANGSBEOBACHTUNG ist 1992 bis 1995 im Rahmen des Kooperationsprojekts zwischen der Hamburger Schulbehörde und der Bund-Länder-Kommission für Bildungsplanung: „Elementare Schriftkultur als Prävention von LRS und funktionalem Analphabetismus in der Grundschule" in 20 Klassen erprobt worden; daran hat Claudia Baark mitgewirkt (s. Band II, Kap. 2 bis 4). Auch dieses Beobachtungsinstrument hat sich seitdem vielfach bewährt. Besondere Aufmerksamkeit gilt dem Umgang mit Heterogenität: den Chancen, dass Kinder mit unzureichenden Lernvoraussetzungen und weit fortgeschrittene in einer Klasse zusammen lernen.

Hamburg, August 2005

1 Beobachten als didaktische Aufgabe

Wahrnehmen und Lernen

„**Aber meine Oma sieht doch ganz anders aus als deine Oma**"
Hanna sitzt mit Lena am Tisch. Beide malen. Plötzlich sagt Hanna: *Ich kann Oma schreiben.* Lena sagt: *Ich kann auch Oma schreiben.* Hanna beginnt nun – vollkommen konzentriert auf ihr Blatt – das Wort Oma in großen Buchstaben zu schreiben. Als sie fertig ist, überprüft sie alles noch einmal, ist sehr zufrieden und guckt zu ihrer Nachbarin. Sie sieht dort auf Lenas Zettel das gleiche Wort wie auf ihrem Zettel und fragt: *Wieso weißt du, wie meine Oma geschrieben wird?* Lena sagt: *Ich habe Oma geschrieben. So wird Oma geschrieben.* Hanna denkt nach. Sie wird sogar ein bisschen ärgerlich und sagt zu Lena: *Aber meine Oma sieht doch ganz anders aus als deine Oma* (WOLF-WEBER/DEHN 1993, S. 21).

Hanna und Lena schreiben OMA

Eine Szene aus dem Unterrichtsalltag in der Vorschulklasse. Die Lehrerin hat sie aufgeschrieben. Lena und Hanna machen so etwas wie einen kleinen Wettstreit: *Ich kann Oma schreiben. – Ich kann auch Oma schreiben.* Hanna betrachtet das Wort, das Lena geschrieben hat, ganz genau. Sie ist erstaunt, dass es genauso aussieht wie das, was sie geschrieben hat, obwohl das Gemeinte (ihre eigene Großmutter) sich doch so deutlich von dem unterscheidet, was Lenas Wort meint. Lena weist Hannas Überlegungen ab, sie bezieht sich auf die Schriftnorm.

Beide Mädchen sehen dasselbe (die beiden geschriebenen Wörter), aber ihre Wahrnehmung ist ganz unterschiedlich, weil ihre Kategorien für die Betrachtung verschieden sind. Hanna hat noch die Vorstellung, es gäbe einen bildlichen Zusammenhang zwischen dem Geschriebenen und dem

Gemeinten. Lena behandelt das Geschriebene als abstraktes Zeichen. Die Mädchen können in dieser Situation nicht zu einer Klärung kommen.

Wahrnehmungszyklus

Der Kognitionspsychologe ULRIC NEISSER hat ein Modell vom Wahrnehmungszyklus entwickelt. Es zeigt, wie die Wahrnehmung vor allem von dem „Schema", den Kategorien und Vorstellungen, abhängig ist, über das das Subjekt verfügt. Dieses Modell ist inzwischen auch neurobiologisch in seiner Grundaussage bestätigt.

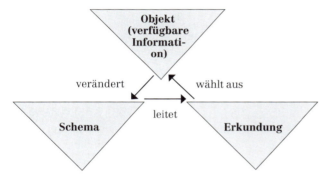

Der Wahrnehmungszyklus (NEISSER 1979, S. 27)

Was von dem, das auf den beiden Blättern steht, von Lena und Hanna aufgenommen wird, hängt von den Schemata ab, über die die Kinder verfügen. Die Schemata leiten die Erkundungen, die sie aus der „verfügbaren Information", eben den beiden Wörtern auf dem Papier, auswählen – sie wahr-nehmen. So kann man mit dem Modell von NEISSER erklären, warum die Wahrnehmung der Mädchen so unterschiedlich ist. Kognitive Schemata stellen Strukturen dar, die den Menschen befähigen, „bestimmte Aspekte seiner Umwelt eher zu bemerken als andere, ja überhaupt irgendetwas zu bemerken" (NEISSER).

Aber das Modell liefert auch einen Beitrag zu der wichtigen Frage, wie denn das Schema verändert werden kann, wie Lernprozesse in Gang gebracht werden können: Das Objekt, die verfügbare Information, kann das Schema verändern. Das ist dann der Fall, wenn es so stark abweicht von den Kategorien der Betrachtung, dass der Betrachtende die Unzulänglichkeit selbst bemerkt, wenn er sich provoziert fühlt, gleichsam als Konfrontation mit einer Schwierigkeit.

Das ist in unserer Unterrichtsszene der Fall. Dazu trägt wesentlich das Gespräch der beiden Mädchen bei. Ob Hanna bereits in dieser Situation etwas gelernt hat, lässt sich nicht entscheiden. Immerhin hat sie erfahren, dass es zu dem Wort *OMA* eine Kontroverse gibt: *So wird Oma geschrieben.*

Kognitive Schemata und Teilleistungsstörungen

Diese Auffassung von dem Verhältnis von Wahrnehmen und Lernen begründet zugleich Vorsicht gegenüber der Diagnose von so genannten Teilleistungsstörungen: Wenn ein Schulanfänger z. B. nicht die Anlaute von Wörtern unterscheiden kann, so muss bedacht werden, ob das zutreffend als auditive Diskriminierungsschwäche interpretiert werden kann oder ob er überhaupt über die kognitiven Schemata verfügt, mit Sprache unabhängig vom Inhalt umzugehen. Wenn eine Schreibanfängerin sich z. B. die im Unterricht eingeführten Buchstaben nicht merken kann, gilt es zu prüfen, ob sie überhaupt über einen Begriff von Buchstabe verfügt.

Auch für Förderung und Lernhilfen hat diese Perspektive auf Wahrnehmen und Lernen erhebliche Auswirkungen. Statt etwa die Diskriminierungs- oder Merkfähigkeit zu schulen, gälte es, Erfahrungen zu ermöglichen zu den Grundlagen des Schrifterwerbs – so wie in der Szene mit Lena und Hanna.

Die Sinne „als Fangarme der Erkenntnis" zu bezeichnen (NEISSER), bedeutet zum einen, den produktiven Aspekt der Wahrnehmung zu betonen. Es bedeutet zum anderen, das Ineinander von Erfahrung, Begriffen, Vorstellungen, die zur Strukturierung dessen gebraucht werden können, was als Objekt verfügbar ist, in den Blick zu nehmen. Ohne Schemata können die Sinne nichts einfangen.

Insofern ist das Modell von NEISSER nicht nur bezogen auf die Kinder, sondern auch auf die Beobachtungs- und Diagnoseverfahren selbst. Was wir an Lernvoraussetzungen und Lernfortschritten wahrnehmen, hängt ab von den Kategorien, die unsere Erkundungen leiten. Ziel dieses Buches ist, dafür ein breites Spektrum bereitzustellen, das das Können in den Fokus bringt.

Lehren und Lernen

Das Ziel des Unterrichtens ist auf die Veränderung der kognitiven Schemata gerichtet, aber sie sind direkter Instruktion nicht ohne weiteres zugänglich. Wir können Objekte, Aufgaben, Materialien bereitstellen, die die Kinder zu Erkundungen auffordern, sodass sie dabei auf Unstimmigkeiten stoßen und ihre Schemata verändern. Wir können ihre Neugier wecken, Probleme präsentieren und Fragen anregen, d. h., wir können Lernkontexte schaffen, die für die Kinder bedeutsam sind (vgl. dazu ausführlich Band I).

Die Eingangsszene aus dem Unterricht der Vorschulklasse macht eindrücklich deutlich, dass für die Grundlagen des Schrifterwerbs Instruktion nur bedingt lernförderlich sein kann. Hanna kann nur selbst lernen. Dazu können wir Anstöße geben, Materialien bereitstellen und soziale Lernsituationen – wie diese – vorbereiten.

Beobachtung und Diagnose

Bedarf für Lerndiagnosen in der Schule gibt es seit langem: zur Erhebung von Lernvoraussetzungen, zur Feststellung aktueller Lern(entwicklungs)stände und zur Überprüfung einzelner Leistungen. Seit den internationalen Studien PISA und IGLU hat sich das Interesse an der Leistungsmessung von Schulen, Regionen, Bundesländern insgesamt verstärkt. Außerdem besteht ein bildungspolitisches Interesse daran, die Leistungen, insbesondere im unteren Bereich, wesentlich zu verbessern. Ob und inwiefern das durch Bildungsstandards erreicht werden kann, soll hier nicht erörtert werden.

Wenn Lehrerin und Lehrer sich von Lernvoraussetzungen, aktuellen Lern(entwicklungs)ständen und Leistungen selbst ein Bild machen wollen, steht ihnen eine große Vielfalt von Diagnoseinstrumenten und standardisierten Tests – und von Beobachtungsverfahren zur Verfügung. Wir stellen sie im Anhang einander gegenüber (s. S. 147 ff.).

Im Zentrum dieses Buches steht das „erschließende Beobachten" – und Unterrichten. Dafür bieten wir die Instrumente der SCHULANFANGSBEOBACHTUNG und der LERNBEOBACHTUNG Lesen und Schreiben in Klasse 1 an. Für den Unterricht kommt es darauf an, die jeweiligen Vorzüge der Verfahren zu nutzen, ohne doch die Haltung aufzugeben, das Können der Kinder wahrzunehmen und daran anzuknüpfen.

Diagnoseverfahren

Diagnostische Verfahren beziehen sich von ihrer Konstruktion und Zielsetzung her auf das, was im Rahmen der jeweils zugrunde gelegten Theorie relevant ist. Vor dem Hintergrund von theoretisch oder empirisch entwickelten Modellen werden also jeweils Komponenten überprüft, die sich in großen Gruppen als relevant für die Prognose über den zukünftigen Lernprozess oder als Indikatoren für Leistungen erwiesen haben: seit einiger Zeit vor allem die phonologische Bewusstheit (BISC, BAKO, Rundgang durch

Hörhausen), die Abrufgeschwindigkeit und Gedächtniskapazität (BISC), Stufen von Lese- und Schreibstrategien (zum Schreiben: DRP, MRA; zum Lesen HLP 1 und Lesestufen), verschiedene Wahrnehmungsleistungen (DP I und II; zur Abkürzung der Instrumente s. jeweils die Übersicht auf S. 149 ff.). Vor allem anhand von Fehleranalysen werden fehlende Voraussetzungen, Defizite, Störungen und Ausfälle festgestellt.

Das, was als Nichtkönnen diagnostiziert ist, wird dann zum Gegenstand von Trainings, von gezielter Therapie oder speziellen Fördermaßnahmen gemacht (z. B. Trainings zur phonologischen Bewusstheit, z. B. FORSTER/ MARTSCHINKE 2002). Was aber bedeutet es, gerade das Nichtkönnen in den Mittelpunkt zu rücken und sich bei ungewöhnlichen Lernern an der Sicherung von „Lernvoraussetzungen" und an „typischen Lernwegen" zu orientieren?

Ein solches Diagnose- und Förderkonzept fußt darauf, dass Lernprozesse vorhersehbar und steuerbar seien, dass deshalb bestimmte notwendige Voraussetzungen auf Seiten des Lerners zu schaffen sind. Tatsächlich entsprechen individuelle Entwicklungen im Rechtschreiben oft nicht bekannten Stufenmodellen (BRÜGELMANN 2005a, S. 148). Auch sind vermeintliche Lernvoraussetzungen oft nicht hinreichend als Bestimmung für ein Risiko des Lernens, weil fehlende Voraussetzungen auch kompensiert werden können:

Zum Beispiel erwies sich in verschiedenen Studien, dass das BISC, eines der so genannten Vorzeigeinstrumente zur Früherkennung von Lernschwierigkeiten, diese nicht immer vorhersagen konnte, insbesondere nicht für einzelne Schüler. Und andere Langzeitstudien zeigen zahlreiche, wider Erwarten erfolgreiche Entwicklungen: So waren nach BRÜGELMANN (2005b, S. 228) in einer Studie über 80 % der so genannten Risikogruppe „erfolgreich". Als Erklärung dafür wird genannt, dass solche Prognosen den (sozialen) Kontext sowie die emotionale und motivationale Lage der Person selbst vernachlässigen. Auch hat sich als entscheidender Unterschied zwischen erfolgreichen und stagnierenden Schriftlernern nicht ihr mehr oder weniger vollständiges Wissen oder Können erwiesen, sondern ihr unterschiedliches Umgehen damit in der konkreten Lernsituation (vgl. HÜTTIS 1988). In neueren Untersuchungen wird hierbei von trägem Wissen gesprochen (s. a. JANTZEN 2005 mit Bezug auf NEUWEG).

Für den Unterrichtenden können die Informationen aus solchen Diagnoseverfahren das Bild des Kindes aus dem erschließenden Beobachten (s. unten) ergänzen. Sie sollten es aber nicht dominieren.

Standardisierte Tests

Standardisierte Testverfahren haben den Vorzug, die Leistung eines Kindes im Vergleich zu einer großen Gruppe zu sehen, bei standardisierten Tests sind das zwischen 1000 und 3000 Kindern. Auf diese Weise kann der – normalerweise – auf die einzelne Klasse, die einzelne Schule eingeschränkte Blick erweitert werden. Standardisierte Tests erlauben auch, die durchschnittliche Leistung der ganzen Klasse mit dieser Stichprobe, an der der Test „geeicht" worden ist, zu vergleichen. Wenn die Lehrperson die Lernvoraussetzungen der Klasse, wie sie sie einschätzt, mit der gemessenen Leistung im standardisierten Test vergleicht, kann sie auf diese Weise auch ihre eigene Leistung einschätzen. Derzeit liegen zum Schrifterwerb zahlreiche Testverfahren vor: z. B. DRT 1, HSP 1+, SLRT, SBL1, Knuspel L, ELFE 1–6, SBL1, Stolperwörterlesetest (siehe Übersicht S. 147 ff.).

Die Erwartung INGENKAMPS, „Leistungsbeurteilungen zur Optimierung des Lernprozesses" zu verwenden (INGENKAMP 1995, S. 25; vgl. in Bezug auf die Bildungsstandards auch KÖLLER 2005), ist hingegen nicht unstrittig. Haben doch Diagnoseverfahren und Tests üblicherweise drei Gemeinsamkeiten:
1. Die Überprüfung erfolgt unabhängig vom eigentlichen Unterrichten und Lernen.
2. Jeder Schüler bearbeitet die Aufgabe(n) allein – ob im Gruppen- oder Einzeltest.
3. Mit den Aufgaben soll überprüft werden, welche (theoretisch für notwendig erachteten) Leistungen der Schüler erbringt bzw. nicht erbringt.

Die Diagnose ist mithin nicht Teil des Lehr-Lern-Prozesses: Wie das jeweilige Kind sich Neues aneignet, also sein Lernen selbst, ist nicht Gegenstand von Tests und Diagnosen. Sie zeigen vor allem Schwächen der Lernenden, nicht aber Ansatzpunkte für das Lernen der Kinder im Unterricht. Will man also individuelle Lernmöglichkeiten erschließen, so bedarf es alternativer Beobachtungsverfahren.

Erschließendes Beobachten

Für die Beobachtung der Prozesse im Umgang mit Schrift und der Lernwege im Laufe des ersten Schuljahres gibt es inzwischen mehrere Verfahren (z. B. von RICHTER/BRÜGELMANN 1994; BRINKMANN/BRÜGELMANN 1993; JOCHUM-MANN/SCHWENKE 2002; s. Übersicht im Anhang). Diesen informellen Verfahren fehlen zwar Aussagen zu statistischen Gütekriterien, sie geben aber Einblick in das individuelle Können und die Integration von Teilleistungen und Zugriffsweisen bei der Auseinandersetzung mit Schrift (sowie bei mehrmaligem Beobachten auch in die Lernfortschritte). Lehrer können dabei also erkennen, was das Kind schon kann.

Ziel von erschließenden Beobachtungen ist es darüber hinaus, Ansatzpunkte dafür zu finden, wie das Lernen der Kinder im Unterricht aufgegriffen, bestmöglich angeregt und unterstützt werden kann. Gerade im Hinblick auf Kinder, denen das Lernen schwer fällt, ist es wichtig, aufmerksam zu werden für ihre Lernweisen und Erfahrungen, um mit ihnen im Unterricht zusammenarbeiten zu können. Das betrifft ihr Verständnis von Inhalt und Struktur des Gegenstands, das zu individuellen Zugriffsweisen führt, das betrifft aber auch ihr Lern- und Problemlöseverhalten – PISA bestätigte die Bedeutung der „Suchstrategien" –, ihre „Zone der nächsten Entwicklung" (WYGOTSKI 1934/1974) und ihre Möglichkeiten, diese zu erreichen.

Weil Lernen immer an den situativen Kontext gebunden ist und die Beobachtungen Impulse für die Gestaltung von Unterricht geben sollen, sind Beobachtungen im unterrichtlichen Kontext besonders ertragreich. Grundsätzlich bestehen zwei Möglichkeiten hierzu:

Die eine Möglichkeit ist, das Lernen bei einer vorstrukturierten Aufgabenstellung zu beobachten, die verdichtete Lernchancen enthält. Solche Beobachtungsaufgaben fordern nicht nur Lernen heraus, sie eröffnen zugleich auch Freiräume zur Auseinandersetzung mit dem Gegenstand: Das gilt für die SCHULANFANGSBEOBACHTUNG wie für die LERNBEOBACHTUNG Schreiben und Lesen. Die andere Möglichkeit ist, das alltägliche Lernen im Unterricht zu beobachten. Damit auch unabhängig von besonderen Aufgaben differenzierte Aufschlüsse über Lernmöglichkeiten eines Kindes gewonnen werden können, bedarf es eines theoretisch geleiteten Blickes auf das Lernen eines Kindes.

Beobachten und Verstehen: die Fragen
Die Haltung beim Beobachten

Masod erhält in der 4. Schulwoche die Aufgabe, mit seinem Partner Tobias auf dem Leeren Blatt zu schreiben.

Während Masod das Leere Blatt unten beginnend gestaltet (links), benennt er Buchstaben häufig als Zahlen. Wie sein Nachbar Tobias schreibt er einige Buchstaben von nahe liegenden Wortkarten ab (z. B. *UCH* von *BUCH*), er sucht dabei „neue" Buchstaben. Wie Tobias fragt Masod den Beobachter anschließend, was er gemalt und geschrieben habe.

Was Masod bei der Gestaltung des Leeren Blattes tut, können Lehrer in verschiedener Weise wahrnehmen.

Beobachten und Verstehen: die Fragen 17

*Das Leere Blatt
von Masod (links)
und Tobias*

- **Fixierung auf die Schwierigkeiten:** Vor dem Hintergrund einer präzisen Vorstellung darüber, was man können muss, um Lesen und Schreiben zu lernen, erhält die Beobachtung überprüfenden Charakter:
  – Masod kann Buchstaben und Zahlen nicht unterscheiden,
  – er schreibt nicht selbstständig, sondern ahmt Tobias nach und
  – malt die Buchstabenformen ab, ohne ihre Funktion zu beachten.

  Wenn man in dieser Art beobachtet, überprüft man Masods Umgang mit Schrift an äußeren Normen, an notwendigen Lernvoraussetzungen. Und wenn man zudem Nachahmung als nicht sinnvoll für den Schrifterwerb ansieht, führt das Beobachten zum Ergebnis, was Masod alles nicht kann oder weiß und wie ungünstig sein Lernverhalten ist.

  Diese Sichtweise hat mit dem Lerner selbst nicht viel zu tun, erkennt sie doch nicht an, dass Masods bisherige Erfahrungen zu einem anderen Blick auf Schrift und Lernen führen, als die Lehrerin ihn hat. Die überprüfende Beobachtung vernachlässigt so die Tatsache, dass aber genau dies Grundlage für Masods Schrifterwerb ist.

- **Rekonstruktion von Bedingungen des Gelingens:** Um diese wahrzunehmen, müssen Pädagogen eine andere Haltung dem Kind gegenüber einnehmen. Dabei hilft es, im Alltag zu beobachten, in welcher Situation und in welcher Weise Masod sich einer Sache oder einem Kind intensiv zuwendet, um auf diese Weise seinen Blick auf Schule zu rekonstruieren. Nur wenn dies erschlossen wird, lassen sich gezielt Situationen im Unterricht schaffen, die dem Kind Gründe und Ansatzpunkte dafür bieten können, seine Vorstellungen mit den andersartigen Erwartungen der Schule in Beziehung zu setzen.

Erschließen von Lernmöglichkeiten

Damit Unterricht Kindern Anknüpfungspunkte an ihre Erfahrungen bieten kann, ist zentral, wie die Lehrperson das wahrnimmt, was ein Kind oft nur mit Andeutungen zu verstehen gibt: ihre Haltung ist Grundlage für die Gestaltung des Unterrichts. Um eine solche Haltung einzunehmen, haben sich die folgenden Fragen bewährt (vgl. AUGST/DEHN 2002, S. 267; DEHN 1994, S. 21):

- Was kann das Kind schon?
- Was muss es noch lernen?
- Was kann es als Nächstes lernen?

Ein solcher Blick macht das Beobachtete als Grundlage für Lernen, als Können wahrnehmbar. Von dort aus erst können – in der Spannung zu einer Zielvorstellung – begründete Hypothesen darüber aufgestellt werden, wie und was jedes einzelne Kind als Nächstes lernen kann.

Die erste Frage lenkt die Aufmerksamkeit auf das Können des Kindes in Bezug auf seine Zugriffsweisen, sein Verständnis von Schrift und seine Möglichkeiten zum Lernen. Dieses Können wahrzunehmen ist nicht immer leicht, gerade wenn die Mängel und Schwächen so sehr ins Auge fallen. Umso mehr bedarf es dieses Vorsatzes, denn nur, wenn das Können des Kindes erschlossen werden kann und wenn es Wertschätzung innerhalb der Klasse erfährt, kann das Kind seinem höchsten Vermögen entsprechend lernen.

Die zweite Frage nimmt die Spanne zwischen dem Können des Kindes und der umfassenden Zielvorstellung in den Blick. Die gängige Auffassung, die Lehrerin müsse das Kind dort abholen, wo es steht, darf nicht dazu führen, dass das Lehren nur noch dem Lernen des Kindes folgt und die Leistungserwartung so herabgesetzt wird, dass das Kind also aufgrund fehlender Orientierungsmöglichkeiten um weiterführende Zugriffsweisen auf den Lerngegenstand betrogen wird.

Die Beobachtung des Könnens vor dem Hintergrund der Zielvorstellung führt drittens zu einem Entwurf für das Anspruchsniveau, zu Hypothesen darüber, was das Kind als Nächstes lernen kann. Hilfreich hierfür ist die Beantwortung der ergänzenden Frage:

- Wie lernt das Kind?

Sie lenkt die Aufmerksamkeit auf das Lern- und Problemlöseverhalten und damit auf die ganze Person, denn für das Lernen sind nicht nur kognitive, sondern auch emotionale und soziale Faktoren bedeutsam. Die Möglichkeiten des Lernens, die das Kind ergreift, können dann im Unterricht weitergeführt werden.

Die beobachtende Lehrerin versteht sich dabei auch als Lernende: Sie überprüft nicht etwas, das sie (richtig) weiß, sondern sucht zu verstehen, wie das Kind lernt. Mit dieser Haltung richtet die Lehrperson ihre Aufmerksamkeit beim Beobachten auf die Potentiale, das Können des Kindes und darauf, was, wie und woraufhin es lernt. Sie setzt damit auf die Strukturierungskraft jedes Kindes, was seinen Lernprozess betrifft.

Eine erschließende Beobachtung von Masods Umgang mit Schrift bei der Gestaltung des Leeren Blattes hat z. B. die folgende Analyse bestimmt:

Masod kennt einige Buchstaben und kann in etwa seinen Namen schreiben. Dass und inwiefern die Buchstabenreihenfolge bedeutsam ist, ist für ihn noch nicht wichtig: er schreibt BUCH nicht vollständig ab, vertauscht in seinem Namen zwei Buchstaben. Und er beginnt mit dem Schreiben unten auf der Seite.

Äußerlich betrachtet wirkt er sicher, und das Geschriebene erscheint zuerst wohl sortiert und ordentlich (Zeilen, Einrahmung). Buchstaben und Zahlen trennt er jedoch nicht – er würde wohl lieber Zahlen schreiben, benennt Buchstaben als Zahlen. Auf den Memorykarten, die noch in der Nähe liegen, sucht er (von Tobias inspiriert) sorgfältig nach „neuen" Buchstaben, um sie aufs Leere Blatt zu schreiben: Die Anzahl verschiedener Buchstaben interessiert ihn. Er erfährt, dass Geschriebenes etwas bedeutet: Er lässt die beobachtende Studentin raten, was er malt, und dann auch (wiederum angeregt durch seinen Partner), was er gekritzelt oder an Buchstabenfolgen geschrieben hat.

Für Masod waren Buchstaben bisher nur als Formen/Zeichen interessant; das Entziffernlassen hat er vom Partner aufgegriffen und vom Malen auf die Schrift übertragen. Die bedeutungstragende Funktion von Schrift hat er so anscheinend (erstmals?) erfahren. Das könnte ein erfolgversprechender Impuls für den Schrifterwerb sein.

Die Haltung dieser Beobachtung ist theoretisch geleitet, sie rekonstruiert zugleich den Blick des Kindes. Sie nimmt Masods sorgfältigen Arbeitsstil wahr („wohl sortiert und ordentlich"), sein Sachwissen (Buchstabenkenntnis) und sein Verständnis von Schrift und Lernen. Die Merkmale und das Inventar der Schrift, auf die Masod seine Aufmerksamkeit richtet, seine kooperative Lernweise, mit der er sich analog zum Bild die inhaltliche Dimension der Schrift erschließt, sowie sein im Malen deutliches Ausdrucksbedürfnis sind Grundlage für Hypothesen darüber, was und wie Masod als Nächstes lernen kann (s. S. 23 f.).

Beobachten und Unterrichten
Der fremde Blick als Chance für Lehrerin und Lehrer

Am Schulanfang nähert sich manches Kind auf ungewöhnliche Weise dem Gegenstand Schrift. Oft fällt es nicht leicht, sein Verständnis von Schrift und seine Möglichkeiten des Lernens anhand von Beobachtungen zu rekonstruieren. Wie bei anderen Lernprozessen auch, steht der beobachtende Lehrer manchmal vor einem schier unlösbaren Problem: Er sieht immer nur dasselbe, zumeist die Schwierigkeiten des Kindes.

Ein Ausweg aus dieser festgefahrenen Wahrnehmung besteht darin, den eigenen Blick mit einem fremden Blick auf das Kind ins Verhältnis zu setzen. Wie jeder Lernende profitiert auch der Beobachtende vom Austausch mit einem anderen: Wenn dieser sich anhand eines Arbeitsprodukts des Kindes oder in einer Unterrichtsbeobachtung das Lernen des Kindes zu erschließen sucht, kann er neue Aspekte entdecken (vgl. Masod). Hierfür bietet sich ein regelmäßiger Austausch in einer Kleingruppe an: mit Kollegen aus der eigenen oder aus anderen Schulen, mit Referendaren und Studierenden.

Beobachtungsaufgaben als verdichtete Lernchancen

Beobachtungsaufgaben, die zugleich Lernchancen für Kinder enthalten, sind konstruktiv in zweierlei Hinsicht: für den beobachtenden Lehrer im Hinblick auf die Gestaltung seines Unterrichts und für das Lernen des Kindes. Damit die Lernweisen und Erfahrungen sowohl der fortgeschrittenen Kinder als auch jener, denen Schrift noch fremd geblieben ist, zum Tragen kommen und zugleich unterstützt werden können, fordern die Aufgaben unterschiedliches Lernen heraus und lassen zugleich Spielräume für eigenständige Lösungen der Kinder. Sie können vier Chancen beim Lernen vorstrukturieren:

- **Erste Lernchance – Erfahrung sinnvollen Umgangs mit Schrift:** Entscheidend für Lernen ist nicht allein die verallgemeinerte kulturelle Bedeutung oder Beschreibung des Gegenstands Schrift, sondern auch, welchen „subjektiv-situativen Sinn" (KRUSE 1995, S. 62) das Kind ihm zuschreibt: Dieser erst bestimmt, welche kognitiven Schemata zur Anwendung kommen oder differenziert werden. Er kann nur dann erschlossen werden, wenn die Beobachtungsaufgabe nicht auf die Überprüfung von allgemein gültigen oder bestimmten Bedeutungen oder Eigenschaften des Gegenstands angelegt ist, sondern wenn dem Umgang mit der Aufgabe unterschiedlicher subjektiver Sinn gegeben werden kann. Wenn

Aufgaben die Erfahrung sinnvollen Umgangs mit Schrift nahe legen, hat jedes Kind zugleich auch die Freiheit, die Schrift nicht zu beachten.
- **Zweite Lernchance – Verschiedene Zugriffsweisen auf den Gegenstand:** Visuell-memorierende und auditiv-experimentierende Zugriffsweisen auf Schrift entsprechen nicht nur der Struktur der Schrift (vgl. AUGST/DEHN 2002), sondern auch unterschiedlichen Lernern. Bei der Konstruktion von Beobachtungsaufgaben kommt es also darauf an, den Kindern Spielräume für verschiedene Zugriffsweisen auf Schrift zu bieten.

Ob ein Kind vorrangig die Korrespondenz zur gesprochenen Sprache oder aber die Merkmale der Schrift beachtet, gibt dem Beobachter wertvolle Hinweise für die Gestaltung des Unterrichts: Kinder, die einen schriftanalytischen Zugriff zeigen, brauchen als Ergänzung Angebote, den Bezug zur Sprache zu erforschen. Und umgekehrt brauchen Kinder, die das eigene Sprechen zum Ausgangspunkt für die Auseinandersetzung mit Schrift machen, einen (begrenzten Fibel-)Wortschatz zur grundlegenden Orientierung.
- **Dritte Lernchance – Anknüpfungspunkte und Differenzierungsmöglichkeiten für verschiedene kognitive Schemata:** Mit der Vorgabe von Aufgaben auf einem bestimmten Entwicklungsniveau zeigen Lehrpersonen, dass sie das Schriftverständnis des Kindes genau zu kennen meinen. Solche individuell vorstrukturierten Aufgaben können dem Beobachter kaum Informationen über eigene Lernmöglichkeiten der Kinder geben, sie schränken manchmal sogar die Lernchancen der Kinder ein. Beobachtungsaufgaben brauchen vielmehr Gegenstände, die inhaltlich und strukturell komplex sind (s. S. 29 ff.), weil sie auf diese Weise Anfängern und Fortgeschrittenen Möglichkeiten zur Differenzierung verschiedener kognitiver Schemata, zur Erweiterung unterschiedlichsten Könnens bieten.
- **Vierte Lernchance – Erweiterung der Lernmöglichkeiten:** Lernen ist gebunden an die Interaktion mit anderen und somit auch an die Situation. In sozialen Lernsituationen werden kognitive Konflikte (s. das Beispiel von Hanna und Lena S. 10), die eine Differenzierung kognitiver Schemata anregen, nicht nur in der Auseinandersetzung mit dem Gegenstand möglich, sondern auch in der Auseinandersetzung mit der Sichtweise des Partners. OSBURG (2005) hat kooperatives Handeln als „Ausdruck des Erkennens" bezeichnet, es sorgt dafür, dass erworbenes Wissen weniger „träge" ist.

Aufgaben, die Austausch und Kooperation ermöglichen, erweitern die Lernmöglichkeiten der Kinder darüber hinaus durch die Gelegenheit zum sinnvollen Nachahmen, wenn die Zugriffsweise des jeweils anderen Kindes in der Zone der nächsten Entwicklung (WYGOTSKI 1974, S. 236 f.) liegt. Die freie Wahl des Partners begünstigt diese Lernmöglichkeit. Auch verbreitern und vertiefen gerade soziale Lernsituationen die Möglichkeiten zur Beobachtung, da die Kinder vieles im Austausch zur Sprache bringen. Dem Beobachter erschließt sich dann sowohl das (Nicht-)Verstehen als auch die Verstehensleistungen der Kinder, die in der Zone der nächsten Entwicklung liegen. Für unterrichtliche Folgerungen ist neben dem Hinweis auf nächste Lerninhalte entscheidend, welche Kinder insbesondere von den Lernmöglichkeiten der Nachahmung und der Kooperation profitieren.

Die Entwicklung von Lernhilfen

Nach NEISSERS Wahrnehmungszyklus (s. S. 11) geht es darum, Lerngelegenheiten so zu gestalten, dass sie das Kind zu Erkundungen der Schrift herausfordern. Diese können dann in Übungen gesichert werden. Dabei gibt es keine 1:1-Beziehung von Lehren und Lernen: die detailliertesten Beobachtungen und umfangreichsten Kenntnisse auf Seiten der Lehrkraft können das Lernen des Kindes nicht direkt beeinflussen.

- **Lernbaustellen als Zone der nächsten Entwicklung:** Beim Beobachten ist jedoch nicht nur Können und Nichtkönnen zu erkennen. Häufig werden auch „Lernbaustellen" (s. RÖBE 2004) sichtbar – daran, dass ein Kind etwas erprobt, aber noch unsicher darin ist. Besonders deutlich werden solche Unsicherheiten des Kindes, wenn es direkt danach fragt: *Wird MUND mit d geschrieben?* Es markiert damit selbst die Zone seiner nächsten Entwicklung. Auch wenn ein Kind zunächst unspezifisch fragt: *Ist RAETA so richtig?*, zeigt es nach der Rückfrage, wo es denn unsicher sei, auf seine „Lernbaustelle" im Wort.
Wenn einige Schreibungen ein Endungs-d wie bei einer Auslautverhärtung enthalten – auch übergeneralisiert bei Wörtern, die eigentlich ein *t* am Ende haben wie *Weld* und *Mud* –, können wir annehmen, dass das Kind möglicherweise gerade dieses orthografische Element erprobt; dem Kind ist eine Lehrhilfe zu diesem Phänomen -*d* anzubieten. Dabei ist bei der Klärung eine sofortige Gegenüberstellung von Regel und Ausnahme, von -*d* und -*t* usw. unbedingt zu vermeiden, denn nach RANSCHBURG (1902) hemmen sich ähnliche Phänomene in frühen Phasen der Aneignung. Vielmehr gilt es zunächst viele Erfahrungen mit Wörtern mit dem Endungs-d zu ermöglichen (also neben *RUND* auch *RUNDE, RUNDEN,*

RUNDUNG und *RUNDLICH*), damit das Kind sich eigene Regeln bilden und eine Strategie zur Verlängerung von Wörtern entwickeln kann. Auf dieser Grundlage kann das Kind Entscheidungen zwischen *-d* und *-t* treffen lernen.
- **Lernkontexte statt Regeln und Übungen:** Wir alle haben schon oft erfahren, dass das Lernen eines Kindes nicht direkt gesteuert werden kann. Wohl aber kann der Lernkontext so gestaltet werden, dass er für das Kind den Sog des Gegenstands und sein Bestreben nach Erweiterung seines Weltwissens erhöht. Die Lehrhilfe wendet sich damit an sein Lernen-Wollen. Diese Lehrhaltung erkennt an, dass jedes Kind eigenständig lernt und sein Lernen zu einem Teil auch selbst verantwortet, und beansprucht zugleich eine pädagogische Lenkung im Unterricht, verstanden als Strukturierung des (sozialen und emotionalen) Kontextes (und gerade nicht als Reduzierung des Lerngegenstands auf bestimmte Lerninhalte). „Solche Lehrhilfen wenden sich an die ‚Peripherie' des Kindes. Es bleibt ihm überlassen, was es davon in sein ‚Zentrum' übernimmt (MARIA MONTESSORI)" (DEHN 1998, S. 47).

Die Entwicklung von Lernhilfen kann sich anhand komplexer Beobachtungen in sozialen Lernsituationen nicht allein darauf beziehen, was das Kind schon weiß und an welchen „Baustellen" es gerade arbeitet, sondern auch darauf, in welchen Situationen und wie es erfolgreich lernt. Möglichkeiten zum Lernen in sozialen Situationen bestehen zum einen im Kontext der Klasse (sozialer Kontext), zum anderen in Situationen dialogischen Lernens von Lehrkraft und Schüler (RUF/GALLIN 2003) und nicht zuletzt auch bei Aufgaben, die zwei Schüler wie bei der SCHULANFANGSBEOBACHTUNG gemeinsam bearbeiten.

Voraussetzungen für eine gezielte Unterstützung individuellen Lernens sind, dass die Lehrperson Räume für regelmäßiges Beobachten schafft, eine erschließende Haltung beim Beobachten entwickelt und Unterrichtsaufgaben so anlegt, dass sie an den Arbeitsergebnissen selbst auch etwas erkennen kann. Zusätzlich zu den allgemeinen Fragen (s. S. 18) geben aufgabenspezifische Beobachtungsbögen (s. S. 131 ff.) Hinweise zur erschließenden Beobachtung.

Beispiel: Lernhilfen für Masod

Masod können wir aufgrund der Beobachtungen am Leeren Blatt folgende Lernhilfen anbieten:
1. Es ist auffällig, dass Masod sich stark an seinem Partner orientiert. Solche in sozialen Situationen liegenden Lernchancen gilt es regelmäßig im

Unterricht zu gestalten: Beispiele hierfür sind Lernspiele, die zu zweit oder dritt gespielt werden (Memorys mit Schrift, s. S. 31; Wer bekommt das Bild?, s. Kopiervorlage, S. 141 ff. und Band I, S. 148 f.), aber auch Schreibaufgaben, die Vergleich und Austausch provozieren: die eigene Oma (s. S. 10), später auch: Schreiben (und malen), was du magst (s. Band I, S. 112 f.).

2. Um Masods Aufmerksamkeit für die Zeichen aufzugreifen, wäre es sinnvoll, dass er sich mit den Buchstaben beschäftigt, die er kennt bzw. mit denen er etwas Wichtiges verbindet. Dazu gehört auch eine intensive Auseinandersetzung mit ihren Formmerkmalen. Dafür braucht er Texte, die er kennt und in denen er eben diese für ihn bedeutsamen Buchstaben markiert, damit er dabei einen Bezug zum Sprechen herstellen kann. Solche Texte können z. B. bekannte Reime und Lieder der Klasse sein, die in einem Heft gesammelt und gestaltet werden (s. Band I, S. 89–91, 153 f.), Namen und Fotos der Kinder in einem „Telefonbuch", in dem Masod nicht nur die Namen seiner Freunde markiert und von ihnen die Telefonnummern dazu schreiben lässt, sondern sich auch mit den Buchstaben der Namen weiter beschäftigt (s. Band I, S. 91 f.).

3. In diesem Zusammenhang sammelt Masod zugleich Erfahrungen damit, dass und inwiefern die Zeichen, die er kennt, zu unterschiedlichen Systemen gehören. Bekannte Sortieraufgaben (z. B. RICHTER/BRÜGELMANN 1994) sollte er erst nach einer solchen Erkundungsphase erhalten, in der er seine kognitiven Schemata von „Buchstabe" und „Zahl" differenziert. Dazu ist auf Seiten der Lehrperson die klare begriffliche Unterscheidung von Malen, Schreiben und Rechnen gefordert. Für Kinder wie Masod gilt es dazu nicht nur einzelne gezielte Lerngelegenheiten zu schaffen, sondern auch wiederkehrende Situationen im Unterrichtsalltag so anzulegen, dass er die Unterschiede von Bild und Schrift und Zahl erfahren kann.

Erfahrungen mit Buchstaben, Wörtern, Sätzen und Texten als Einheiten der Schrift können implizit angelegt sein oder aber gezielt angeregt werden: Wenn Masod zu seinen Bildern, zu einem vorgelesenen Buch, zum Bild von einem geliebten Film, einer Hörkassette oder einer Figur aus anderen Medien etwas diktiert (s. Band I, S. 100 ff.). Solche vom Lehrer genau aufgeschriebenen Texte (oder Einzelwörter) sind eine Quelle zahlreicher Erfahrungen mit Schrift: gerade weil die Zeichen so langsam aufs Papier kommen und weil die Texte der Kinder so unterschiedlich sind. Beachtung finden dabei z. B. die Schreibrichtung, die Korrespondenz von Sprache und Schrift, Buchstaben, Wörter, Sätze, die Textanordnung. Für Masod wäre es wichtig, dass er darin „seine Buchstaben" markiert. Gerade bei Wörtern, die für ihn zentral sind und die er deshalb selbst wiederholt aufschreiben oder aus den Einzelbuchstaben „zusammenpuzzeln" kann, wird er erste Einsichten in ihre Funktion, in den Zusammenhang von Schrift und Sprache gewinnen können.

Übersicht: Schulanfangsbeobachtung – Lernbeobachtung

SCHULANFANGSBEOBACHTUNG	September	Das Leere Blatt	*zwei Kinder schreiben auf einem großen Papier*
		Memory mit Schrift	*zwei Kinder spielen das Memory mit 10 Kartenpaaren*
		Buchstabenkenntnis	*als bekannt herausgesuchte Buchstaben nach Diktat schreiben*
		Reimen	*vorgesprochene Reime beenden*
LERNBEOBACHTUNG	November	Schreiben	*Sofa, Mund, Limonade, Turm, Reiter, Kinderwagen* – und ein Lieblingswort
		Lesen	*(Uta malt ein) rosa Rad.* 2 Wörter im Text
	Januar	Schreiben	*Sofa, Mund, Limonade, Turm, Reiter, Kinderwagen* – und ein Lieblingswort
		Lesen	*(Olaf) hat (ein) altes Auto.* *(Der) Motor (ist) zu laut.* 6 Wörter im Text
	Mai	Schreiben	*Sofa, Mund, Limonade, Turm, Reiter, Kinderwagen* – und ein Lieblingswort
		Lesen	*Susi will zu den Küken am See.* *Sie nimmt Futter mit.* *(Die eine Ente hat schon kleine Küken. Die andere Ente brütet noch die Eier aus.)*

2 Die Schulanfangsbeobachtung: Konzeption und Aufbau

(unter Mitarbeit von Claudia Baark)

Anfänge finden: für das Lehren und Lernen
Die Kinder in den Blick nehmen

Wenn Kinder zur Schule kommen, befinden sie sich nicht nur an unterschiedlichen Stationen auf dem Weg zur Schrift, sondern auf unterschiedlichen Wegen überhaupt. Da jedes Kind vor der Schule ganz eigene Erfahrungen mit der Schrift gesammelt hat, nimmt es sie auch auf seine eigene Weise wahr. Kognitionspsychologisch gesprochen verfügt es über ein individuelles kognitives Schema von Schrift (vgl. NEISSER 1979, S. 50).

Es stellt eine große Herausforderung für uns Lehrende dar, diese unterschiedlichen Lernvoraussetzungen im Unterricht zu berücksichtigen. Damit dies gelingen kann, gilt es schon in den ersten Schulwochen die Kinder zu beobachten und herauszufinden, was sie in Bezug auf Schrift schon können, um dann von Anfang an im Unterricht entsprechend zu differenzieren. Nur wenn wir die Lernausgangslage der Kinder kennen, ihre kognitiven Schemata in Bezug auf die Schrift erschließen, können wir verhindern, dass wir die Schulanfänger unter- oder überfordern.

Das Besondere der Beobachtungsinstrumente

Für die umfassende und systematische Beobachtung der Lernausgangslage eignet sich die SCHULANFANGSBEOBACHTUNG als Instrument in besonderer Weise: Die Aufgaben (Das Leere Blatt und Memory mit Schrift) werden jeweils von zwei Kindern gemeinsam bearbeitet. Der Vorteil dieser sozialen Lernsituationen liegt zum einen darin, dass Sie zwei Kinder gleichzeitig beobachten können und damit Zeit sparen. Zum anderen lassen die Aufgaben den Kindern gerade durch den sozialen Kontext und die besondere Strukturierung Spielräume – auch im wörtlichen Sinne – für eigenständige Lösungen und bieten unterschiedlichste Lernanstöße. Die SCHULANFANGSBEOBACHTUNG dient also zugleich dem Beobachten und dem Lernen.

In der Regel erhalten Sie bei der SCHULANFANGSBEOBACHTUNG bereits mit den beiden Aufgaben Das Leere Blatt und Memory mit Schrift ausreichenden Aufschluss über die Lernausgangslage Ihrer Kinder. Wenn Sie bei einzelnen Kindern noch unsicher sind, empfehlen wir zusätzlich zwei weitere Aufgaben zur Diagnose des Könnens. Diese Aufgaben zur Buchstabenkenntnis und zum Reimen führen Sie einzeln mit Kindern durch.

Zeitpunkt und Organisation der Beobachtung

Am sinnvollsten ist es, die SCHULANFANGSBEOBACHTUNG gleich in den ersten Schulwochen durchzuführen, damit Sie Einblick gewinnen, welche Erfahrungen mit Schrift Ihre Kinder in die Schule mitbringen. Sie können natürlich am besten beobachten, wenn in einem separaten Raum nur ein Kinderpaar das Leere Blatt bearbeitet und vielleicht gleich danach das Memory mit Schrift spielt. Wenn dies Ihre schulischen Bedingungen nicht erlauben, können Sie nach einiger Übung zumindest das Leere Blatt mit zwei oder drei Paaren gleichzeitig durchführen. (Mehr als drei Paare gleichzeitig schreiben zu lassen, ist nicht ratsam, da Sie dann nicht mehr beobachten können, was die einzelnen Kinder tun.) Außerdem können Sie bei den Kindern auf das Memoryspielen verzichten, die schon beim Leeren Blatt zeigen, dass sie bereits lesen und schreiben können.

Da sich die Kinder selbstständig mit dem Leeren Blatt und dem Memory mit Schrift beschäftigen, haben Sie Raum und Zeit, die Kinder ausschließlich zu beobachten. Dabei sollten Sie sich über die Bedeutung Ihrer Haltung als Beobachtende bewusst sein (s. S. 16 ff., 33, 46, 86–91). – Sie sind dann eben nicht Lehrende, Testende oder sogar vermeintliche Mitspielerin, die „sich beim Spiel auf das Entwicklungsniveau des Kindes einstellt" (FÜSSENICH/LÖFFLER 2005, S. 35). Dies wird den Kindern deutlich, wenn Sie sich z.B. *nicht* direkt zu ihnen an den Tisch setzen, sondern nur in die Nähe. Und wenn Sie nach dem Stellen der Aufgabe sogleich auf dem Beobachtungsbogen (s. Kopiervorlagen, S. 131 f.) mit Ihren Notizen beginnen.

Anders ist die Beobachtungssituation bei der Diagnose des Könnens, also den Aufgaben zum Reimen und zur Buchstabenkenntnis. Hier leiten Sie die Aufgaben kleinschrittiger und für ein einzelnes Kind an und machen zugleich oder anschließend Notizen (s. Beobachtungsbogen, S. 133).

Damit Sie ungestört beobachten können, sollten Sie eine Arbeitsform in der Klasse einführen, in der die Kinder zumindest über einen kurzen Zeitraum selbstständig arbeiten. Bewährt hat es sich, dazu ein Symbol wie ein bestimmtes Tier oder ein Stopp-Schild als Zeichen dafür aufzustellen, dass Sie zur Zeit nicht gestört werden dürfen und die Kinder gegebenenfalls zunächst andere Kinder fragen oder auf Hilfe warten müssen.

Signale für grundlegende Lernhilfen

Die wichtigsten Beobachtungen aus der SCHULANFANGSBEOBACHTUNG können in die Klassenliste übertragen werden (s. S. 134). Dieser systematische Überblick lässt entscheidende Signale dafür deutlich werden, welche Kinder noch grundlegende Erfahrungen zur Orientierung in Schrift brauchen. Dies sind die Schulanfänger, die auf dem Leeren Blatt (außer ihrem Namen) nichts schreiben, die die Schrift beim Memory nicht nutzen, die nur einen Buchstaben nach Diktat richtig schreiben und keinen vorgesprochenen Reim strukturorientiert beenden (s. Kap. 2 bis 4). Zugleich werden darin die Kinder deutlich, die schon weiterführende Angebote als die meisten Mitschüler brauchen.

Soziale Kontexte: Chancen zum Beobachten und Lernen
Das Lernverhalten beobachten

Die SCHULANFANGSBEOBACHTUNG enthält zwei Beobachtungsaufgaben, die im Unterschied zu anderen sozial angelegt sind, d.h., dass sich immer zwei Kinder gleichzeitig mit einer Aufgabe beschäftigen. Gerade durch diese Strukturierung der Beobachtungssituation können Sie nicht nur den Lernstand des Kindes erschließen, also WAS es schon kann, sondern auch Aufschlüsse darüber gewinnen, WIE das Kind lernt, ob es z. B. seinen Spielpartner häufig nachahmt und dadurch etwas hinzulernt oder lieber ganz für sich arbeitet. Solche Beobachtungen können Hinweise für methodische Entscheidungen im anschließenden Unterricht geben: Wenn sich ein Kind häufig auf seinen Spielpartner bezieht und viel von ihm lernt, wäre es sinnvoll, ihm im Unterricht weitere soziale Lernsituationen anzubieten.

Gemeinsam die Schrift erkunden

Dass die Beobachtungsaufgaben besonders durch den sozialen Kontext viele Lernchancen eröffnen, liegt auf der Hand. Gemeinsames Lernen kennen die Kinder schon aus der Zeit vor der Schule: durch Demonstration eigenen Könnens, durch Zuschauen und Fragen, durch Nachmachen und Austausch von Ideen sowie durch gemeinsames Versuchen/Probieren. Gerade das Schreiben zu zweit unterscheidet die Aufgabe des Leeren Blattes von herkömmlicher Leistungsmessung, denn nur in der sozialen Lernsituation ist das Erleben von Anerkennung angelegt oder aber von Widerspruch wie auch Erfahrungen damit, welchen Sinn Schrift für den anderen macht.

Komplexe Aufgaben:
Zugriffe herausfordern und beobachten
Das Leere Blatt

Die Aufgabe Das Leere Blatt, bei der zwei befreundete Schulanfänger gemeinsam ein großes Blatt Papier beschreiben, ist durch Offenheit und Vorstrukturierung zugleich gekennzeichnet. Offen ist sie, weil das Material den Inhalt des Lernens nicht vorgibt und keine speziellen Herausforderungen durch Schrift bereithält. Dadurch bietet es den Kindern Spielräume, ihre eigenen Zugriffsweisen zu entfalten. Weil Schule damit die individuellen Bezüge zu Schrift anerkennt, ist die Aufgabe für jedes Kind persönlich sinnvoll.

Bei aller Offenheit strukturiert die Aufgabenstellung aber auch vor: Die Kinder sollen schreiben, d. h., das Anspruchsniveau wird für alle hoch angesetzt. Weil sie aber gemeinsam auf einem Blatt schreiben, empfinden sie das Schreiben nicht als Überforderung. Gäbe man hingegen jedem Kind ein eigenes Blatt (s. FÜSSENICH/LÖFFLER 2005, S. 9), würde man zum einen diese im Austausch liegende Entlastung reduzieren. Zum anderen wäre eine solche Aufgabe auch keine Lernchance für die Kinder, sondern Leistungsmessung (und gäbe keinen Einblick in das Lernverhalten der Kinder, sondern diente allein der Überprüfung von bereits Gelerntem).

Das Memory mit Schrift

Beim Memory mit Schrift (s. Kopiervorlage, S. 124) handelt es sich um ein Memoryspiel mit 10 Bildpaaren, wobei (nur) eine Karte von jedem Paar auf der oben liegenden Seite beschriftet ist. Wenn man lesen kann, verrät also die Schrift, welche zweite Karte man aufdecken muss. Dennoch kann es auch wie ein

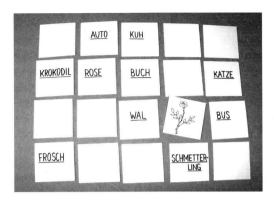

einfaches Memory gespielt werden.

Die Beschriftung nur einer der zwei Bildkarten sowie die Spielregel, immer erst eine Karte ohne Schrift umzudrehen, fordern die Kinder zur Auseinandersetzung mit der Schrift auf der zweiten Karte heraus. Wären hingegen beide Karten beschriftet (s. das gezinkte Memory von BRÜGELMANN 1987), würden optische Vergleiche ausreichen, ohne die Funktion oder den Inhalt der Schrift beachten zu müssen: Es wäre dann irrelevant, dass die Schrift das umseitige Bild bezeichnet und dass man zu der abgebildeten Blume auch Rose schreiben kann. Und es wäre nicht überraschend, welche oder wie viele Buchstaben zu einem Bild geschrieben sind, also zu bemerken, welchen Prinzipien die Schriftstruktur folgt. Gerade weil nur eine der beiden Karten beschriftet ist, werden die Kinder herausgefordert, nach einer Beziehung zwischen der Schrift und dem Bild zu suchen.

Die Kinder können ihr Wissen anwenden und gleichzeitig viele neue Erfahrungen sammeln – in Bezug auf alle wichtigen Dimensionen der Schrift: dass Schrift Bedeutung trägt, dass es eine Beziehung zwischen Lauten und Buchstaben gibt und dass die Schrift beim Spiel hilft, also persönlich sinnvoll ist. Die Beschriftung schränkt die Orientierung der Kinder nicht ein – dies wäre der Fall, wenn nur die Anlaute notiert wären oder nur geübte oder nur lautreine Wörter vorkämen. Vielmehr repräsentieren die Wörter die komplexe Beziehung der Schrift zur gesprochenen Sprache:

- Die Länge einiger Wörter widerspricht der Größe des bezeichneten Gegenstands (z.B. bei *KUH, SCHMETTERLING*): dies weist Kinder auf die Phonemorientierung der Schrift hin, auf die Parallelität von akustischer und optischer Folge.
- Einige Bilder sind mit einem anderen Begriff beschriftet als viele Kinder zunächst erwarten (vor allem *ROSE – BLUME* und *WAL – FISCH – BLAUWAL*). Sie können so merken: Schrift bezeichnet das Bild eindeutig.
- Einige Wörter haben gleiche Anfangsbuchstaben (*KUH, KROKODIL, KATZE* sowie *BUCH* und *BUS*), sodass Kinder beim Spiel merken können, dass es nicht ausreicht, nur den Anlaut zu analysieren oder sich den ersten Buchstaben zu merken.

Wie der soziale Kontext ist also auch die Struktur des Materials grundlegend dafür, dass Sie mit der SCHULANFANGSBEOBACHTUNG nicht nur erschließen können, was das Kind bereits vor der Schule gelernt hat, sondern auch, was es in der Beobachtungssituation lernt und wie es das tut.

Lernchancen mit verschiedenen Memorys

Neben der Verwendung als Beobachtungsinstrument eignen sich insbesondere Memorys mit Schrift als Lernspiele, um den Kindern im Verlauf des Schuljahres verschiedene Lernchancen in Bezug auf Schrift zu bieten (s. S. 20 f.). Für die Monate vor Schulbeginn ist die Lernwirksamkeit von Memorys mit Schrift in Band I anhand von Unterrichtsszenen ausgeführt (Band I, S. 83–85). Für fortgeschrittene Leser eignen sich Memorys mit Kartenpaaren wie *KIRCHE, KIRSCHE* und *KUCHEN*, deren Beschriftung sich also optisch ähnelt, um das genaue Lesen zu befördern und zu üben (zu solchen Minimalpaaren s. a. das Spiel: Wer bekommt das Bild?, S. 141 ff.; s. a. Band I, S. 148 f.).

Memorys können aber auch zur Erweiterung des Wortschatzes eingesetzt werden – im Blick auf mehrsprachige Kinder. Dafür eignen sich insbesondere Karten mit Fotos von schulischen Gegenständen: *RANZEN, FEDERTASCHE, SCHERE, TAFEL* usw. Später können Memorys mit Fachbegriffen auch aus anderen Unterrichtsfächern zugleich das Lesen und den Wortschatz befördern (z. B. Körperteile, Bäume und Blätter, Verbformen usw.). Stets ist bei diesen Lernspielen das Anschauliche auf beiden Karten abgebildet – es wird auf dem Tisch verdeckt – und das Begriffliche auf einer der Rückseiten aufgeschrieben: *Erst eine Karte ohne Schrift, dann eine mit Schrift.*

3 Das Leere Blatt

(unter Mitarbeit von Claudia Baark)

Wozu gebrauchen Kinder Schrift?

Aufgabe und Durchführung

Das Leere Blatt – Aufgabe für alle Kinder
Bei der Aufgabe des Leeren Blattes handelt es sich um ein weißes DIN-A2- oder DIN-A3-Blatt, auf das zwei Kinder gleichzeitig schreiben sollen. Nachdem sich zwei Kinder als Partner gefunden haben und sich jeweils einen Lieblingsstift (möglichst in unterschiedlichen Farben) ausgesucht haben, stellen Sie folgende Aufgabe:
Ich habe hier ein großes Blatt für euch beide zusammen. Eure Aufgabe ist es, auf dem Blatt zu schreiben – alles, was ihr möchtet.

Häufig fragt ein Kind sogleich zurück, ob es auch malen könne. Sie wiederholen dann noch einmal den Anspruch: *Schreib zuerst; später kannst du noch malen.*

Würden Sie sofort auch zum Malen auffordern (s. FÜSSENICH/LÖFFLER 2005, S. 9), wäre die Aufgabe beliebig und würde das eigentliche Interesse verschleiern. Wenn ein Kind nicht anfängt zu schreiben, warten Sie erst einmal ab, damit es möglichst doch einen eigenen Zugriff suchen oder sich beim Partner orientieren kann. Wenn sich auch nach einiger Zeit nichts tut, können Sie höchstens vorschlagen, den eigenen Namen zu schreiben.

Es ist wichtig, dass Sie sich als Beobachtende(r) zurückhalten und während des Schreibprozesses keine konkreten Vorschläge machen, damit jedes Kind einen eigenen Zugang finden und zeigen kann. Selbstverständlich können Sie auf Fragen der Kinder antworten, denn gerade, was sie fragen und wie sie mit der Antwort umgehen, ist ja aufschlussreich für Sie: Werden Sie gebeten, eine Buchstabenfolge auf dem Leeren Blatt vorzulesen, erkennen Sie das Interesse des Kindes an der lautlichen Entsprechung von Schrift und Sprache. Fragt das Kind danach, wie ein Wort geschrieben wird, ersehen Sie daraus sein Bedürfnis nach Richtigem, nach Sicherheit, nach Nachahmung als Lernmöglichkeit: Sie sollten ihm das Wort separat aufschreiben.

Wenn die Kinder fertig mit dem Schreiben sind, können Sie durchaus auch fragen, was sie geschrieben haben. Sie verlassen dabei zwar ihre Beobachterrolle, erhalten aber Aufschluss darüber, ob ein Kind schon lesen kann, sodass Sie auf das Memory verzichten könnten.

Auswertung mit dem Beobachtungsbogen

Während die zwei Kinder auf dem Leeren Blatt schreiben, machen Sie auf dem Beobachtungsbogen (s. S. 131) Notizen dazu bzw. kreuzen an, was die beiden Kinder tun und zu erkennen geben. Das, was man häufig beobachten kann, ist zum Ankreuzen vorgegeben, anderes können Sie selbst ergänzen. In Rubrik 2 können Sie auch erst später das festhalten, was die Kinder geschrieben haben, wenn Sie sich anschließend das fertige Blatt in Ruhe ansehen.

Im Folgenden erläutern wir anhand von Beispielen, wie Sie die Beobachtungen auf dem Beobachtungsbogen festhalten können. Als Beispiele haben wir von Djawed, Clemens, Sabrina und Edward kleine Ausschnitte vergrößert, um Einzelheiten hervorzuheben. Die anderen Abbildungen sind verkleinerte Hälften von DIN-A2-Blättern, die alles zeigen, was ein Kind jeweils aufgeschrieben hat.

1. Inwiefern macht das Schreiben für das Kind Sinn?

Für den weiteren Unterricht ist es wichtig zu erkennen, wie das Kind auf die anspruchsvolle Aufgabenstellung reagiert (Rubrik 1), denn Sie erkennen daran nicht nur das Arbeitsverhalten des Kindes, sondern vor allen Dingen, ob ihm das Schreiben möglicherweise noch fremd ist. Ein solches Signal für besonders zu beachtende Lernentwicklungen ist manches Mal, dass sich Kinder erst Anregungen vom Partner holen (1b) oder dass sie sogar besonderer Ansprache bedürfen (1c).

Beobachtungsbogen
Das Leere Blatt (s. S. 131)

Jenny, Lara und Djawed: Schrift als Beschriftung des Gemalten (1d)

Vor allem zeigt sich dies aber am Verhältnis von Malen und Schreiben. Manche Kinder verbinden beides (1d: Jenny, Lara und Djawed), sodass Schrift neben oder auch in Bildern steht. Der Sinn des Schreibens ist dabei sehr unterschiedlich: Jenny und Lara gebrauchen Schrift als Beschriftung, um das Gemalte als Eigentum zu kennzeichnen, und nicht nur das Blatt wie Marei. Andere bezeichnen die gemalten Gegenstände (wie Erdal, S. 37 und Saskia, S. 39). Erfahrungen mit diesen Funktionen der Schrift kann der Unterricht aufgreifen und verbreitern.

Marei: mit Bildern Geschichten erzählen (1e)

Andere Kinder unterscheiden noch nicht zwischen Malen und Schreiben, sie erzählen mit Bildern Geschichten (1e: Marei) oder beschäftigen sich mit der Buchstabenform, indem sie buchstabenähnliche Zeichen schreiben (1d: Kay) oder Schreibschrift imitieren (1d: Timo). Umso wichtiger ist es für Sie im anschließenden Unterricht, die Begriffe Malen und Schreiben selbst genau zu unterscheiden und diesen Kindern Erfahrungen damit zu ermöglichen, was Schreiben vom Malen unterscheidet.

Kay: Aufmerksamkeit für die Formen (1d)

Timo: Schreibschrift und ästhetisches Schreiben wie Dali (1d)

2. Was schreibt das Kind?

Für die Kinder steht auf dem Leeren Blatt im Mittelpunkt, was sie schreiben; an dieses inhaltliche Interesse kann Unterricht anknüpfen. Für Sie als Beobachter gibt das Geschriebene zusätzlich Informationen darüber, welche Einheiten der Schrift die Kinder kennen (Rubrik 2: Buchstaben – Wörter – Sätze – Textstrukturen). Für den Unterricht ist es z.B. wichtig zu wissen, wenn Kinder beim Wörterschreiben eine sichere Buchstabenkenntnis zeigen und somit keine aufwändigen Übungen zur Buchstabenform mehr benötigen.

Clemens: die Kenntnis aller Buchstaben demonstrieren (2d: alle)

Sabrina: Schrift als Medium für komplexen Ausdruck (2f)

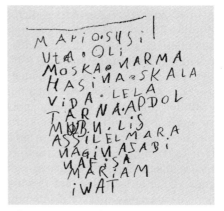

Elmara: Namen der Familie (2a, b)

Im Blick auf die Kinder, die kaum Buchstaben schreiben – ihre Buchstabenkenntnis sollten Sie unbedingt ergänzend separat beobachten (s. Kap. 5, S. 55 ff.) –, kann Unterricht genau an diese bekannten Buchstaben anknüpfen, damit auch diese Kinder ihren Begriff von Schrift ausgehend von ihrem Können entfalten können.

3. Inwiefern greift das Kind auf (optische) Schriftmuster zurück?

Die Rubriken 3 und 4 kennzeichnen Unterschiede zwischen einer Schriftorientierung der Kinder (3) und ihrer Orientierung an Sprache (4), d.h. zwischen einem logographemischen und einem alphabetischen Zugriff, zwischen visuell-memorierenden und auditiv-experimentierenden Zugriffsweisen. Für das Lesen- und Schreibenlernen sind letztlich beide Zugriffe wichtig. Im Blick auf die Frage, was das Kind als Nächstes lernen kann, gilt es, den schon gekonnten Zugriff im Unterricht aufzugreifen und dem Kind weitere Erfahrungen darin zu ermöglichen, damit es auf dieser Basis später andere Zugriffe integrieren kann.

Kinder, die von der Schrift ausgehen, schreiben etwas auf, das sie sich gemerkt haben oder gerade sehen. Sie setzen sich mit den Formen und der Anordnung der Zeichen auseinander. Oft merken sie sich den eigenen oder andere Namen (3a), schreiben Wörter vom Partner (3b) oder aus der Umgebung ab – wie Jens von den Memorykarten (3c). Falls Kinder sich dabei noch

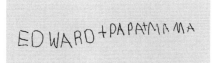

Edward: Verbindung von Wortmustern zum Satz (3d)

Gamze: Situierung mit Schriftmustern (3a)

Jens: Abschreiben von den Memorykarten (3c)

Erdal: Orientierung an türkischen Schriftstrukturen – bei türkischen und deutschen Wörtern (3d)

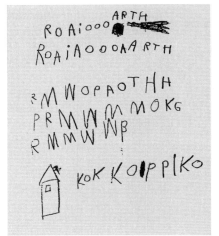 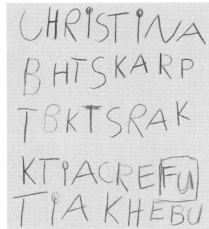

Roman und Christina: Variationen linearer Buchstabenfolgen (3d)

nicht für die Bedeutung des Geschriebenen interessieren, ist das ein Signal dafür, dass sie entsprechende Erfahrungen im Unterricht brauchen. Damit diese Kinder ihren Zugriff auf Schrift entfalten können, sind gegebenenfalls solche Lehrgänge zu ergänzen, die vorrangig Gesprochenes verschriften, nämlich um entsprechende Gelegenheiten zur Orientierung an Schrift (z. B. mit Wörterlisten oder Wortschätzen).

4. Inwiefern orientiert sich das Kind (lautierend) an der Sprache?

Manche Schulanfänger beziehen sich beim Schreiben schon auf ihre Sprache (4) und fixieren erste Laute (rudimentäre Schreibungen 4a wie HT / Hund, WDB / wunderbar oder AFL / Apfel) oder nahezu alle (4b), oft an der dialektalen Artikulation orientiert *(KINU ONT TEATA)*.

Diese Kinder haben das Prinzip der Laut-Buchstaben-Beziehung bereits verstanden, brauchen also keine aufwändigen Lautierübungen mehr. Ihr Zugriff sollte vielmehr durch sinnvolle Schreibanlässe befördert werden, auch unterstützt durch Wortschatzarbeit. Weit fortgeschrittene Schriftlerner wie Elias zeigen, dass sie die Zugriffe auf Sprache und auf Schrift bereits integrieren und orthografische Elemente beim Schreiben benutzen. Offenbar ist er aufmerksam geworden auf doppelte Konsonanten, vielleicht bei *ZORRO*, und erprobt sie auch in anderen Wörtern.

Auswertung mit dem Beobachtungsbogen 39

Saskia und Sara: Orientierung an der eigenen Artikulation (4b)

Martin schreibt Apfel rudimentär (4a)

Elias: Integration orthografischer Normen (4c)

5. Welches Lernverhalten zeigt das Kind?

Damit Sie später Angebote machen können, die die Lernmöglichkeiten der Kinder aufgreifen, können Sie in Rubrik 5 Ihre Beobachtungen dazu fixieren, *wie* die Kinder lernen. Während manche Kinder gern alleine schreiben (5a), suchen andere die Zusammenarbeit mit einem Kind (5b bis e) oder mit Ihnen. Manche greifen das Verhalten oder die Anregungen eines anderen auf (5e) und brauchen auch später Gelegenheiten zur gemeinsamen Auseinandersetzung mit Schrift. Andere treten in einen Dialog darüber, was sie schreiben (5c) oder wie sie schreiben (5d): Sie können anderen Kindern oft besser als wir Lehrende Anregungen zum Schreiben geben.

Häufig bitten Kinder Sie als Beobachter, das Geschriebene vorzulesen (5f), weil sie wissen wollen, ob man es lesen kann, oder weil sie wissen wollen, was irgendwo geschrieben steht. An ihr inhaltliches Interesse kann Unterricht gut anknüpfen. Sie ersehen an diesen Dialogen das Reflexionsniveau der Kinder, auf das beispielsweise im Unterrichtsgespräch oder bei der Planung von Team- oder Gruppenarbeiten zurückgegriffen werden kann.

6. Gesamteindruck/Besonderheiten

Zuletzt haben Sie Raum, um Ihren Gesamteindruck von dem Kind und Besonderheiten zu notieren, wie z.B. Linkshändigkeit, verkrampfte oder falsche Stifthaltung, unsichere Schreibrichtung oder Besonderheiten bei der Blattgestaltung.

Hier können Sie auch spezielle Bedingungen des Gelingens festhalten und wichtige Schwerpunkte im Blick auf spätere Lernhilfen markieren: Für Joy und André (s. u.) notieren Sie beispielsweise die Bestätigung ihres ästhetischen Zugriffs auf Schrift als wichtige Lernchance. Im Unterricht können Sie dann dementsprechend gezielte Lernhilfen geben, z.B.: besonderes Schreibwerkzeug, Papier, einen besonderen Sitzplatz (mit Raum für den linken Schreibarm), bestimmte Aufgaben.

Joy und André: ästhetische Zugriffe als Lernchance (6)

Vivian und Emine:
Beispiele für die Entwicklung von Lernhilfen

Beobachten macht nur dann Sinn, wenn daraus Hinweise für die Gestaltung des Unterrichts und das Angebot spezieller Lernhilfen für einzelne Kinder abgeleitet werden können. Dass die SCHULANFANGSBEOBACHTUNG mit den Beobachtungsbögen genau dies ermöglicht, wird nun anhand des Leeren Blattes von Vivian und Emine gezeigt.

Beobachtungen in der sozialen Schreibsituation

Nachdem Vivian und Emine (3. Schulwoche) eine Trennlinie in der Mitte gezogen haben, fängt Emine an, Wörter zu schreiben und das Gemeinte daneben zu malen und es vorzulesen. Vivian guckt ihr zunächst zu und fängt dann auch an. Dabei nimmt sie mehrere Stifte in eine Hand. Dann schlägt sie vor, mit geschlossenen Augen zu schreiben und produziert verbundene geschwungene Linien und abgesetzte kleine Zeichen. Sie hilft Emine beim Malen des Affen. Zum Schluss erschreibt Emine sich lautierend das Wort *Tunfös* (Thunfisch).

Kooperation trotz erheblicher Leistungsunterschiede

Der Beobachtungsbogen zeigt, was Vivian und Emine schon können. Das ist nun Ausgangspunkt für Hypothesen darüber, was die beiden Kinder als Nächstes lernen und was wir ihnen dafür im Unterricht anbieten können.

Lernhilfen für Vivian

Vivian zeigt Ansätze zum Umgang mit Schrift besonders im Blick auf die Formen und die Bewegung. Schreibaufgaben sollten sie zum einen in ihrem ästhetischen Zugriff bestätigen: Wenn Buchstaben eingeführt werden, wäre es hilfreich für sie, viel Raum zum eigenen Gestalten zu haben und nicht durch Linien eingeschränkt zu werden. So könnte man ihr wie auch den anderen Kindern, wenn sie sich mit einem bestimmten Buchstaben beschäftigen sollen, ein leeres DIN-A3-Blatt geben, auf dem dieser Buchstabe vielfach geschrieben wird: Dabei wird der Buchstabe mit allen Farben aus der Federtasche, in verschiedenen Größen und Dicken usw. gestaltet.

Damit Vivian einen Bezug zwischen dem schulischen Lerngegenstand Schrift und ihrem Bedürfnis nach Bewegung und Formgestaltung herstellen kann, wären zudem ästhetisch ausgerichtete Aufgaben für sie sinnvoll: z. B. ihren eigenen Namen vielleicht für die Titelseite eines besonderen Buches besonders gestalten (s. Band I, S. 91 f., 139 f.).

Für Vivian ist die Zusammenarbeit mit anderen Kindern in der Auseinandersetzung mit Schrift hilfreich, denn sie guckt ihrer Nachbarin beim Leeren Blatt erst einmal zu und lässt sich dann von ihr zum Schreiben inspirieren. Dafür eignet sich beispielsweise das Spielen von anderen Memorys mit Schrift (s. Band I, S. 83 ff.; Band II, S. 31), bei denen sie ihre Orientierung an Schrift differenzieren kann.

Vivian schreibt ihren Namen und vier Buchstaben als gelernte Muster auf, ohne dass erkennbar wird, dass ihr die inhalt-

Beobachtungsbogen Vivian

liche Dimension von Schrift wichtig ist. Sie braucht daher vermutlich noch grundlegende Erfahrungen damit, dass Schrift Bedeutungen festhält und damit Ausdruck für Gemeintes ist. Solche Erfahrungen stellen eine wichtige Voraussetzung dafür dar, sich mit der Laut-Buchstaben-Zuordnung zu beschäftigen und unbekannte Wörter selbstständig erlesen und aufschreiben zu wollen.

Damit Vivian erfahren kann, dass es beim Schreiben darum geht, die eigenen Gedanken genau festzuhalten, könnte sie beispielsweise ihrer Lehrerin etwas diktieren, das für die Klasse wichtig ist (z. B. Beschriften und Gestalten eines Bilder- oder Tierbuches oder Plakates; zur Lernwirksamkeit des Diktierens s. Band I, S. 100 ff.; s. a. der Schreibanlass „Ich mag" in Band I, S. 112 f.). Auch im Umgang mit Büchern können grundlegende literale Erfahrungen angebahnt werden, gerade wenn sie Betroffenheit provozieren, Kontexte des Schriftgebrauchs erfahrbar machen und sich als Anlässe für freies Schreiben sowie Diktieren anbieten. So ermöglicht das Bilderbuch „Die Geschichte vom Löwen, der nicht schreiben konnte" (BALTSCHEIT 2002) Kindern Erfahrungen mit der persönlichen Bedeutung von Schrift anhand der literarischen Figur: Der Löwe möchte einen Brief an eine Löwin verfassen und ist mit den Briefen, die andere Tiere für ihn schreiben, nicht einverstanden: So etwas hätte ich doch nie geschrieben! Das ist Impuls für ihn, selbst schreiben zu lernen – und für die Kinder, ihm schreibend (bzw. diktierend) zu helfen.

Die Verbindung von inhaltlichem Ausdruck und Spuren auf dem Papier demonstriert das Buch „Königin der Farben" (BAUER 1998). Es zeigt beispielhaft, dass der Stift auf dem Papier Spuren hinterlassen kann, die Gefühle ausdrücken: Sowohl die Farben als auch die unterschiedlichen Strichführungen in diesem Buch legen Kindern nahe, verschiedene Ausdrucksmöglichkeiten mit dem Stift auf dem Papier selbst zu erproben – unterstützt durch das Hören der Musikstücke zu den Farben auf der dazugehörigen CD. Diese grundlegende Erfahrung mit Papier und Stift nimmt Vivians Zugriff auf und führt ihn fort im Blick auf die Teilhabe an Schriftkultur als Ausdruck von Gemeintem.

Lernhilfen für Emine

Emine spricht türkisch als Herkunftssprache. Sie hat offensichtlich schon vor der Schule vielfältige Erfahrungen mit Schrift gesammelt. Sie ist motiviert zum Schreiben und kann sowohl Wörter aus dem Kopf aufschreiben als sich auch neue Wörter selbstständig erschreiben. Dabei sind die Wörter phonematisch nahezu vollständig. Damit braucht sie keinen Lehrgang mehr, der kleinschrittig Buchstaben und Wörter einführt. Vermutlich würde sie noch nicht einmal eine Anlauttabelle benötigen, weil sie wahrscheinlich bereits alle Buchstaben kennt; dies wäre mit der Aufgabe zur Buchstabenkenntnis zu überprüfen (s. S. 55 ff.). In jedem Fall kann sie selbstständig – gegebenenfalls mit Buchstabentabelle – zu guten Schreibanlässen schreiben.

Statt ihr wie den meisten anderen Erstklässlern bei der Thematisierung eines Buchstabens Bilder zum Beschriften zu geben oder sie Wörter mit einem bestimmten Anlaut schreiben zu lassen, braucht Emine Gelegenheiten, Sätze und Texte aufzuschreiben: Rätsel, Quatschsätze, Zungenbrecher zum Buchstaben der Woche ausdenken (z. B. Satz mit vielen K), eine Geschichte zu einer bekannten literarischen Figur mit K (Karlsson vom Dach, am besten mit einer Abbildung der Figur), eine Fantasiegeschichte schreiben: „Wie das K in die Klasse kam."

Da sie die Wörter auf dem Leeren Blatt vorliest, wäre zu überprüfen, inwieweit Emine auch fremde Texte lesen kann, um ihr passendes Lesefutter geben zu können (erste Lesehefte, Bilderbücher oder andere Texte, s. Leseaufgabe als Herausforderung, S. 159). Bei Leseaufgaben differenziert sie implizit

Name des Kindes: Emine
1. Inwiefern **macht** das **Schreiben** für das Kind **Sinn**?
✗ schreibt spontan von sich aus
b. schreibt nach einer Zeit des Beobachtens
c. schreibt nach besonderer Ansprache des Lehrers oder des Partners
✗ verbindet Malen und Schreiben
e. malt ausschließlich
f. Beschriften
2. **Was** schreibt das Kind?
✗ seinen Namen
✗ andere Namen
✗ Wörter
d. Satz/Sätze
e. Abkürzungen (USA – VW …)
f. einzelne Buchstaben
g. Zahlen
h. andere Zeichen
i. Linien wie Schreibschrift
j.
3. Inwiefern greift es auf **Schriftmuster** zurück?
✗ schreibt aus dem Kopf
b. schreibt vom Partner ab
c. schreibt von Vorlagen aus dem Raum ab
d.
4. Inwiefern orientiert es sich (**lautierend**) an der Sprache?
a. schreibt rudimentär
✗ schreibt vollständiger   Artikulation
c.
5. Welches **Lernverhalten** zeigt es?
a. schreibt alleine für sich
b. schreibt mit dem Partner zusammen
✗ spricht darüber, was es schreibt
d. spricht darüber, wie man schreibt
e. ahmt den Partner nach
f. lässt sich Geschriebenes vorlesen
g.
6. **Gesamteindruck**/Besonderheiten: kann lesen

Beobachtungsbogen Emine

Muster über Orthografie, über Sätze und Texte, die möglicherweise gerade für sie als mehrsprachiges Kind wichtig sind.

Emine kann beim Schreiben die Laut-Buchstaben-Beziehung vollständig wiedergeben. Für unsere Schrift ist – im Gegensatz zur türkischen – darüber hinaus noch die Berücksichtigung orthografischer und morphematischer Prinzipien wichtig. Insofern könnte man Emine zur Erweiterung ihres Könnens dazu anregen, sich auch explizit mit orthografischen Elementen auseinander zu setzen. Dafür bietet es sich an, entsprechende Wörter aus ihren Texten zu sammeln und in einen Grundwortschatz mit eigenen Wörtern zu überführen, mit dem sie zu orthografischen Phänomenen arbeiten kann (z. B. Wortschatzrolle, Wörterbucharbeit s. Band I, S. 111, 124).

4 Memory mit Schrift

(unter Mitarbeit von Claudia Baark)

Hilft die Schrift zum Gewinnen?

Aufgabe und Durchführung

Für diese Beobachtungssituation brauchen Sie die 20 Memorykarten (10 Paare, s. Kopiervorlage, S. 124), bei denen jeweils eine Rückseite von jedem Kartenpaar beschriftet ist (unterstrichene Großantiqua), und einen Beobachtungsbogen für Ihre Notizen zu einem Kinderpaar.

Weil eine gute Partnerschaft Grundlage ist für die soziale Lernsituation, fragen Sie am besten ein Kind, mit wem es gerne Memory spielen möchte. Dann setzen Sie die beiden nebeneinander an einen Tisch, damit beide die Wörter richtigherum sehen können.

Sie breiten die Karten anschließend vor ihnen aus, sodass die Bilder des Memorys nicht sichtbar sind, und geben den Kindern dann die folgende Aufgabenstellung.

> **Memory mit Schrift – Aufgabe für alle Kinder**
> *Ihr kennt doch Memory, oder? Ich habe hier ein neues Memory für euch. Da steht was drauf. Mal sehen, ob euch das hilft, dass da was draufsteht, und was ihr macht. Die Karten müssen so liegen, dass der Strich zu eurem Bauch zeigt, dann sind die Wörter richtigherum.*
> Wenn alle Karten richtig liegen: *Zwei gehören immer zusammen. Erst nehmt ihr eine Karte ohne Schrift und dann eine mit Schrift. Dann kommt der andere dran, auch wenn einer ein richtiges Paar gefunden hat. Erst eine Karte ohne Schrift und dann eine mit Schrift.*
> Das Spiel wird pro Kinderpaar zweimal gespielt.

Da die Regel, immer erst eine Karte ohne Schrift und dann eine mit Schrift aufzudecken, entscheidend für die Nutzung von Lernchancen ist, können Sie die Kinder bis zu dreimal an diese Regel erinnern. Wenn ein Kind dann immer noch ohne diese Regel spielt, lassen Sie es gewähren. Sie wissen dann, dass dem Kind die Funktion der Schrift für das Spiel noch nicht wichtig ist. Umso aufschlussreicher ist es für Sie, wenn dieses Kind einige Tage oder Wochen später oder mit einem anderen Spielpartner zusammen die Schrift zu nutzen sucht.

Die Beobachterrolle

Um Aufschlüsse über das Können der Kinder in Bezug auf Schrift zu erhalten, beobachten Sie das Spielen der Kinder und machen sich dabei mit Hilfe des Beobachtungsbogens Notizen. Daher können Sie beim Memory immer nur ein Kinderpaar zur gleichen Zeit spielen lassen. Wichtig ist, dass Sie sich als Beobachter zurückhalten und höchstens zur Erinnerung an die Regeln (s. o.) in das Spiel eingreifen. Wenn ein Kind Sie z. B. fragt *Steht da Krokodil?* erkennen Sie, dass das Kind weiß, dass die Schrift die Bilder bezeichnet. Am besten Sie reagieren mit einem ausweichendem Achselzucken und vermerken diesen Hinweis auf dem Beobachtungsbogen (Rubrik 2a). Anders ist es, wenn ein Kind Sie fragt, wie ein Buchstabe aussieht. Wenn z. B. ein Kind die Karte mit dem Wort Krokodil sucht und sagt: *K, K, K wie sieht nochmal das K aus?* und sich dabei an Sie wendet, spricht nichts dagegen, ihm das *K* auf einen Zettel aufzuschreiben. Sie wissen durch diese Frage viel über die Kenntnisse des Kindes und seine Lernaktivität (4c). Zudem wird das Kind mit seiner Frage ernst genommen und lernt vielleicht etwas dazu.

Gerade beim Memory mit Schrift ist es sehr verführerisch, die beobachtende Rolle zu verlassen und die Kinder z. B. zu fragen, warum sie gerade diese Karte umgedreht haben oder woher sie wussten, dass hier die Rose ist. Aber es empfiehlt sich, beim ersten Spiel wirklich nur zu beobachten. Würden Sie ein Kind fragen, warum es eine bestimmte Karte umgedreht hat, verdeckte dies eher das eigenständige Lernen. Videoaufnahmen haben gezeigt, dass eine Lehrkraft, die zu den Kindern in den Nebenraum kommt und fragt, wie sie eine Karte gefunden haben, das Spielverhalten gravierend beeinflusst: Die Kinder „verstummen", sie sprechen nicht mehr gedehnt und zeigen damit ihre Zugriffsweise weniger deutlich. Entscheidend ist zudem, wie die Kinder mit Schrift umgehen und nicht, was ihnen davon bewusst ist. Dies ist vielleicht nur das, was sie glauben, sagen zu sollen. Außerdem ist die Situation und das Material so vorstrukturiert – durch die Auswahl der Karten und die Aufgabenstellung –, dass Sie aus dem Spielverhalten des Kindes ebenso viel ersehen können. Insbesondere der Austausch der Kinder untereinander, ihre Irrtümer und auch, wie und woraufhin eins seine Strategie ändert, gibt Ihnen entscheidende Hinweise.

Nur wenn ein Kind von sich aus gar nichts äußert, aber z.B. zielsicher die richtigen Karten mit Schrift umdreht, erfahren Sie beim Beobachten möglicherweise nichts darüber, wie das Kind die Schrift genutzt hat oder ob es vielleicht einfach schon liest (Frage 2a). In einem solchen Fall spricht nichts dagegen, die Kinder beim zweiten Spiel einmal nach ihrem Vorgehen zu fragen.

Auswertung mit dem Beobachtungsbogen

Auch auf dem Beobachtungsbogen für das Memory mit Schrift (s. S. 132) halten Sie für zwei Kinder zunächst grundlegende und dann immer differenziertere Beobachtungen fest, indem Sie einen der vorgegebenen Punkte ankreuzen, die wir in der Erprobung häufig beobachten konnten, oder eine speziellere Beobachtung ergänzend aufschreiben. Dabei können Sie den Beobachtungsbogen für das Memory auch direkt nach dem Spielen ausfüllen, wenn Sie die Kategorien im Kopf haben. Die Rubrik 1 sollten Sie grundsätzlich erst am Schluss ausfüllen, da sich das Verhalten der Kinder während des Spielens häufig ändert.

Im Umgang mit Schrift sind nicht allein die schriftspezifischen Zugriffsweisen wichtig – Notizen dazu können Sie in den Rubriken 1 bis 3 machen. Zu beobachten sind außerdem emotionale und soziale Faktoren sowie allgemeine Problemlösestrategien, die sich als bedeutsam für die Leseentwicklung erwiesen haben. Von entsprechenden Beobachtungen zum Lernverhalten (Rubrik 4) und zum Problemlöseverhalten (5) können Sie bei der Gestaltung Ihres Unterrichts profitieren.

1. Inwiefern macht die Schrift Sinn für das Kind?

Die wichtigste Beobachtung beim Memory mit Schrift ist, inwiefern das Kind die Schrift beim Spielen nutzt (Rubrik 1). Wenn ein Kind trotz günstiger Gelegenheiten – sei es durch Ihre dreimalige Aufforderung *Erst ohne Schrift, dann mit Schrift* oder durch den Partner oder das Material – die Schrift nicht als Hilfe zum Gewinnen erkennt und zu nutzen versucht (1d) und auch auf dem Leeren Blatt kaum etwas geschrieben hat, ist dies ein Signal dafür, dass Sie ihm im Unterricht eine grundlegende Orientierung im Umgang mit Schrift ermöglichen sollten (s. Kap. 5 und den Überblick über Lernhilfen, S. 157). Dazu braucht es immer wieder herausfordernde Gelegenheiten, damit es seine Aufmerksamkeit zuallererst überhaupt auf Schrift richtet und die Bedeutung der Schrift für sich selbst erfährt. Auch Kinder, die (mechanisch) immer eine beschriftete Karte als zweite umdrehen, dabei aber die Art der Beschriftung nicht beachten (1c), brauchen möglicherweise solche Anregungen.

Für alle anderen Kinder macht Schrift bereits Sinn: Sie nutzen die Beschriftung der Karten zum Gewinnen des Spiels, entweder sogleich (1a) oder aber erst nach einiger Zeit (1b), oft wenn sie den Partner beobachtet haben oder ihn nachahmen (4d). Es ist dabei unwichtig, ob die Kinder mit ihrer Orientierung an Schrift Erfolg haben. Vielmehr geht es um die Art ihrer Suchstrategie, denn solche Strategien haben sich bei PISA als wichtig für das Lesen herausgestellt. Sie können in den folgenden Rubriken spezifiziert werden.

Beobachtungsbogen Memory mit Schrift (s. S. 132)

2. Inwiefern nutzt das Kind die Schrift?

In Rubrik 2 geht es um Kinder, die nicht mehr nur nach dem richtigen Bild suchen, sondern nach dem richtigen Wort, weil sie wissen, dass die Schrift das umseitige Bild bezeichnet. Mit Fragen wie *Katze, wo ist Katze?* sucht ein Kind nach dem Wort als Ganzem (2a). Andere haben schon Einblick in die Lautstruktur der Schrift (2b und c): Sie wissen, dass die Buchstaben Laute abbilden. Typisch für das Memoryspielen ist die bei der Lautanalyse veränderte Sprechweise der Kinder: Durch gedehntes Sprechen oder Isolierung von einzelnen Wortsegmenten, z. B.: *Kuh, K, die Kuh, K, K, K* oder: *Kuh, ...U:* (2b). Diese Kinder zeigen Ihnen eine wichtige Fähigkeit für den Schriftspracherwerb, dass sie nämlich die Sprache willkürlich als Gegenstand betrachten können (BOSCH 1937).

Wichtig ist, dass Sie auch Überflieger bei diesem Spiel erkennen können, die im Unterricht anspruchsvolle Schreibgelegenheiten und besonderes Lesefutter brauchen: Diese Kinder lesen die Wörter auf den Memorykarten (2c). Bei einem kleinschrittigen Lehrgang wären diese Kinder nicht nur völlig unterfordert, sie würden im Unterricht möglicherweise erst spät auffallen oder die Lust an Schrift verlieren.

3. Welche Fähigkeiten/Kenntnisse zeigt das Kind noch?

Am wichtigsten für den Schrifterwerb ist nicht der Umfang der Buchstabenkenntnis, die in 3a notiert und auch separat erhoben werden kann (s. Kap. 5), zumal eine geringe Buchstabenkenntnis aktive Kinder nicht am Schrifterwerb hindert, gerade wenn sie eine Buchstabentabelle nutzen können. Wichtiger ist vielmehr ihre Sprachbewusstheit, also inwiefern sie Sprache und Schrift zum Gegenstand der Betrachtung machen können: Welche Einheiten sie nutzen und wie (willkürlich) es ihnen gelingt.

Ein erstes Anzeichen für beginnende Sprachbewusstheit ist, wenn Kinder beim Memory die Wortlänge beachten (3b), z. B. wenn sie *KROKODIL* oder *SCHMETTERLING* suchen. Können die Kinder hingegen noch nicht von der Bedeutung der Wörter absehen, drehen sie beispielsweise auf der Suche nach dem *WAL* die Karte *SCHMETTERLING* um, weil sie bei einem großen Tier auch ein großes Wort erwarten.

Sucht ein Kind nach *Ro* von *ROSE*, wissen Sie, dass es über Silben verfügt (3c: phonologische Bewusstheit), aber möglicherweise noch nicht Einzellaute, Phoneme, isolieren kann (3d: phonemische Bewusstheit). Auch wenn Kinder Silben klatschen oder reimen und Sprachspiele machen, notieren Sie diese paraliterarischen Fähigkeiten bitte separat bei 3c, denn sie sind erste Anzeichen für phonologisches Bewusstwerden (s.a. Kap. 5): Die

Kinder spielen hierbei im Handlungszusammenhang unbewusst mit den formalen Aspekten der Sprache. Dieses Können gilt es im Unterricht aufzugreifen und bezogen auf die Schrift zu entwickeln, damit diese Kinder auch einzelne Laute als für den Schrifterwerb relevante kognitive Einheiten der Sprache identifizieren und willkürlich betrachten lernen (s. Kap. 5). Denn die Analyse von Silben reicht nicht, um eine Anlauttabelle beim Schreiben zu verwenden. Wichtig für sie sind systematische Übungen zur Sprachbewusstheit, die sich in Untersuchungen in Kombination mit der Einführung von häufig vorkommenden Buchstaben als effektiver erwiesen haben. Es geht also für Sie im Unterricht darum, Hören und Sehen beim Nachdenken über Schrift und Sprache zu verbinden: Wenn Sie beispielsweise zu der entsprechenden Abbildung beim *T* in der Anlauttabelle auch das Wort *Tiger* zuordnen, können Kinder das Prinzip der Buchstabentabelle anschaulicher erfassen und leichter verstehen, als wenn Sie nur *T wie Tiger* sagen oder erklären, *am Anfang von Tiger ist T.*

Die Analyse von Einzellauten (3d) gelingt Schulanfängern meist beim Anlaut – lang auszusprechende Konsonanten wie *R(ose), W(al)* und *F(rosch)* sind dabei einfacher zu identifizieren als Explosivlaute wie *K(-uh, -rokodil, -atze)* oder *B(-us, -uch)*. Manche Kinder können auch schon gezielt weitere Laute isolieren (3e), andere lernen dies im Memoryspiel, denn bei der Auseinandersetzung mit Schrift wird die Fähigkeit zur lautlichen Durchgliederung von Wörtern gestützt (z. B. auch durch Arbeit mit Wörterbüchern, s. Überblick über Lernhilfen, S. 157 ff.).

Durch das zweimalige Spielen können Sie Einblick gewinnen, inwiefern das Kind seine Zugriffsweise verändert und damit schnell, schon innerhalb dieser Spielsituation aus seinen Erfahrungen lernt (1b). Auch die visuellen Stärken zeigen sich oft erst im zweiten Spiel, wenn Kinder sich an ein Wort oder Teile davon erinnern (3f). Mit Lernhilfen, die eine Schriftorientierung ermöglichen (s. Kap. 11), können Sie an diese Ausgangslage anknüpfen.

4. Welches Lernverhalten zeigt das Kind in Bezug auf den Partner?

Während Sie in den ersten drei Rubriken die Zugriffsweisen eines Kindes auf Schrift festhalten können, gilt die vierte seinem Lernverhalten. Selten spielen die Kinder allein für sich (4a), denn oft animiert die unwillkürlich veränderte Sprechweise dazu, gemeinsam nach der richtigen Karte zu suchen. Meist erkennen Sie aufgrund des Austauschs gut die individuellen Lernstrategien: notieren Sie, inwiefern das Kind dem anderen hilft (4b) oder gezielt nach Unbekanntem fragt (4c), denn solche Vorgehensweisen können Sie in Ihrem Unterricht gut aufgreifen. Nicht selten ist es wichtig, dass Sie später im Unterricht die Teams beim Memoryspielen wechseln, damit Kinder neue Anregungen von anderen Partnern erhalten können.

5. Welches Problemlöseverhalten zeigt das Kind?

Fragt ein Kind z. B. danach, wie *Ro* für *ROSE* geschrieben wird, haben Sie nicht nur Aufschluss über seine Vorstellung von den Einheiten der Schrift gewonnen. Seine Reaktion auf das von Ihnen geschriebene *RO* zeigt Ihnen, ob es die Information, dass die artikulatorische Einheit *Ro* nicht nur mit einem, sondern mit zwei Buchstaben notiert wird, bemerkt und ob sie ihm Anstoß für Nachdenken und Lernen ist (Rubrik 5a) – oder aber für ausweichendes Verhalten, das Sie separat notieren. Auch die Strukturierung des Materials führt zu Überraschungen für die Kinder: Nicht selten sehen sich Kinder das Wort daraufhin noch einmal genau an. Solcherart reflexiv ausgerichtetes Suchverhalten hat sich als lernförderlich erwiesen.

Manche Kinder bemerken, dass der Anlaut des gesuchten Wortes auf mehreren Karten vorkommt – *K* bei *KUH, KROKODIL* und *KATZE*, *B* bei *BUCH* und *BUS*. – Sie dokumentieren damit ihren Überblick und ihre sorgfältige Orientierung unter den vorliegenden Wörtern (5b). Vermutlich nutzen sie diese gute Problemlösefähigkeit auch für andere komplexe Aufgaben.

Normalerweise reagieren die Kinder beim Spiel auf Erfolg und Misserfolg (5c): Sie freuen oder ärgern sich, wollen ein zweites Mal spielen und zählen nach dem Spiel selbstständig die gefundenen Kartenpaare. Aufmerksam werden sollten Sie auf die anderen Kinder, die das Spiel ohne innere Beteiligung zu spielen scheinen und erkennen lassen, dass sie die Aufgabe nur als Schüler und nicht als Person annehmen. Denn dann gilt es bei der Planung des Unterrichts stets im Blick zu halten, ob Sie diese Kinder erreichen. Gerade hier kann die Diagnose ihres Könnens im Bereich der Buchstabenkenntnis und des Reimens weitere Ansatzpunkte zeigen.

6. Gesamteindruck/Besonderheiten

Sind Ihnen noch andere Beobachtungen zum Kind wichtig, auch zu seiner emotionalen Lage, seinem Selbstbild und sozialen Verhalten, können Sie dies als Gesamteindruck oder Besonderheit ganz unten gesondert notieren. Mit Ihren systematischen Notizen auf dem Beobachtungsbogen haben Sie eine Grundlage für die Entwicklung von speziellen Lernhilfen für einzelne Kinder und dafür, den Unterricht von Anfang an auf die Lernmöglichkeiten der Kinder abzustimmen. An zwei Kindern, die das Memory mit Schrift spielen, wird dies nun beispielhaft demonstriert.

Sonja und Chris: Beispiele für die Entwicklung von Lernhilfen
Der Spielverlauf: Vier Ausschnitte

1. Sonja deckt das Bild von der *Katze* auf, isoliert den Anlaut und sucht den entsprechenden Buchstaben. Chris weist sie mehrfach darauf hin, einfach irgendeine Karte umzudrehen.

Sonja: *Katze. – Da muss ich das K finden.*
Lehrer: *Mmh.*
Sonja: *Wo ist das K K K K K?*
Chris: *Du kannst ja jetzt irgendwo einen nehmen.*
Sonja: *Ist das das Richtige? – Katze?*
Lehrer: *Hmm.*
Chris: *Du kannst das hochnehmen, trotzdem! Kannst du auch!*

2. Sonja deckt das Bild der *Rose* auf, spricht das Wort *Blume* gedehnt und isoliert die Anfangslaute. Chris nimmt davon das *L* auf und zeigt auf eine Karte.

Sonja: *Oh! Blu:me. B. Bl:*
Chris zeigt auf eine Karte.
Chris: *L. Die!*
Sonja verneint: *Das ist nicht das L!*

3. Sonja deckt das Bild vom *Krokodil* auf. Beide Kinder isolieren den Anlaut und die erste Silbe. Sonja entscheidet sich aufgrund des zweiten Lautes für die richtige Karte.

Sonja: *Oh, Krokodil.*
Beide lautieren: *K K Kro K Kro*
Sonja: *Da kommt glaub ich R, ne!?*

4. Chris deckt beim 2. Spiel das Bild der *Kuh* auf und isoliert von sich aus den Anlaut. Sonja zeigt auf zwei mögliche Karten: *KUH* und *KATZE*. Chris folgert daraus, dass der beiden Wörtern gemeinsame Buchstabe das *K* sei und vergewissert sich.

Chris: *K K*
Sonja zeigt auf KUH und KATZE.
Sonja: *Du musst jetzt diese oder diese aufdecken.*
Chris: *Diese oder diese?*
Sonja: *Ja.*
Chris: *K. Ist das K?*

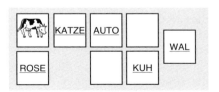

Lernhilfen für Sonja

Sonja kennt die lautliche Struktur und die bezeichnende Funktion der Schrift. Sie macht das gesprochene Wort zum Gegenstand ihrer Betrachtung und kann Wörter gezielt analysieren. Dabei orientiert sie sich vorwiegend am Anlaut und ordnet den isolierten Lauten Buchstaben zu.

Bei dieser guten Lernausgangslage könnte Sonja schon am Schulanfang Anregungen zum Schreiben eigener Texte erhalten, die zur weiteren Durchdringung gesprochener Wörter verhelfen (s. Übersicht, S. 159 f.). Dabei könnte sie vermutlich schon nach einer kurzen Einführung eine Anlauttabelle nutzen, um sich gegebenenfalls über Buchstabenformen zu vergewissern. Auch könnte sie dazu auf der letzten Heftseite eine eigene Liste mit wichtigen Wörtern anlegen: Sie geben ihr Sicherheit beim Schreiben, sind eine Grundlage zur weiteren Erforschung der Struktur unserer Schrift und befördern zugleich ihre Lautanalyse.

Bei Lautierübungen sollte sie nicht – wie in den ersten Schulwochen üblich – beim Anlaut verweilen, sondern Mitlaute und Endlaute in den Blick nehmen, um ihre Lautanalyse auf das ganze Wort zu erweitern. Dies unterstützen auch Lernspiele wie weitere Memorys mit Schrift (z. B. mit Minimalpaaren) und auch anspruchsvolle Kartensätze des Spiels Wer bekommt das Bild? (s. Kopiervorlage, S. 143 ff.).

Sonja zeigt besondere soziale Fähigkeiten: Sie hilft Chris, ohne die Lösung vorzugeben, sie macht die Lautanalyse vor und sie zeigt, dass Nachfragen wichtig ist. Damit ist sie als Mitspielerin für Chris äußerst lernwirksam darin, eine Orientierung an Schrift beim Memoryspiel zu finden. Partnerarbeit scheint eine geeignete Lernform für sie zu sein.

Beobachtungen zu Sonja

Lernhilfen für Chris

Vielleicht wird Chris in dieser Spielsituation erstmalig auf Schrift aufmerksam. Er lernt viel im Verlauf des Spiels: dass die Schrift nützlich ist zum Gewinnen des Spiels, sie das umseitige Bild bezeichnet und Buchstaben Laute abbilden. Dadurch wird deutlich, dass er noch viele weitere Gelegenheiten braucht, um den persönlichen Sinn der Schrift zu erfahren, seine ersten Zugriffe zu festigen und zu erweitern sowie eine grundlegende Orientierung im Umgang mit Schrift zu sichern (s. Übersicht über Lernhilfen, S. 157 ff.). So erscheint eine Beschäftigung mit dem eigenen Namen und den Namen der anderen Kinder sinnvoll für ihn (s. Band I, S. 88 f., 91 f., 139 f.). Außerdem könnte er Gelegenheiten erhalten, der Lehrkraft etwas Bedeutsames zu diktieren und sich anschließend mit der Schrift weiterbeschäftigen (s. Band I, S. 100 ff.), indem er das Geschriebene „liest", bekannte Buchstaben darin farbig markiert oder nachspurt und das Blatt gestaltet.

Chris wird aufmerksam auf Schrift, indem er sich an seiner Partnerin orientiert, sie in ihrem Umgang mit Schrift nachahmt. Dabei wird in Szene 4 deutlich, dass er ihre Hilfen nicht nur einfach übernimmt, sondern sie als Anlass nimmt, die Schrift zu erkunden: Er schließt selbstständig auf das *K*. Insofern sind Gelegenheiten zum gemeinsamen Arbeiten für ihn unerlässlich. Dies sollte bei der Gestaltung geeigneter Lernhilfen beachtet werden, da das Material allein wahrscheinlich nicht ausreicht, ihm solche Impulse zu geben.

Für ihn eignen sich insofern alle Lernspiele, die zu zweit zu spielen sind, z. B. einfache Memorys mit Schrift (mit den Kindernamen oder aus herkömmlichen Spielen), das Spiel Wer bekommt das Bild? mit leichter zu unterscheidenden Wörtern (Kopiervorlage, S. 142) oder die Schatzkiste, in der Gegenstände und Schildchen dafür gesammelt werden, die bei der Präsentation der Schätze einander zuzuordnen sind. Außerdem könnte Chris z. B. zur Erweiterung und Festigung der visuellen Merkmale der Buchstaben in Partnerarbeit mit Buchstabenformen hantieren, sie sortieren, Bildern zuordnen und schreiben (s. Band I, S. 144 f.).

Name des Kindes: Chris

1. Inwiefern **macht die Schrift Sinn** für das Kind?
a. nutzt die Schrift spontan von sich aus
X. nutzt die Schrift erst nach einiger Zeit
c. beachtet Schrift mechanisch
d. beachtet die Beschriftung gar nicht
e.

2. Inwiefern **nutzt** es die **Schrift**?
X. sucht das passende Wort (Wo steht ...?)
X. bezieht Laut und Buchstabe aufeinander (lautiert)
c. liest die Wörter
d.

3. Welche **Fähigkeiten/Kenntnisse** zeigt es noch?
a. kennt Buchstaben
b. beachtet die Wortlänge
c. isoliert Silben, klatscht
X. isoliert einen Laut
e. isoliert mehrere Laute
f. merkt sich Wörter oder einzelne Buchstaben
g.

4. Welches **Lernverhalten** zeigt das Kind in Bezug auf den Partner?
a. spielt alleine für sich
b. hilft dem Partner
X. fragt um Hilfe
X. ahmt den Partner nach
e.

5. Welches **Problemlöseverhalten** zeigt das Kind?
X. setzt sich mit Problemen/ Unstimmigkeiten auseinander
b. äußert Erwartungen, wo das Wort zu finden sein könnte
c. reagiert auf Erfolg und Misserfolg
d.

6. **Gesamteindruck**/Besonderheiten:
lernt von Sonja

Beobachtungen zu Chris

5 Diagnose des Könnens

Buchstabenkenntnis: die Aufgabe

Wenn Kinder in die Schule kommen, kennen sie Buchstaben meist nicht nur als Formen, die meisten können sie zum Schreiben ihres Namens gebrauchen und auch einige bezeichnen: mit dem Buchstabennamen oder mit dem Laut. Damit Unterricht an das Können gerade derjenigen Kinder anknüpfen kann, die bei der SCHULANFANGSBEOBACHTUNG auf dem Leeren Blatt kaum etwas geschrieben haben, ist es wichtig, die Buchstabenkenntnis dieser Kinder zu kennen.

> **Buchstabenkenntnis – Aufgabe für einzelne Kinder**
> Legen Sie dem Kind etwa 30 Buchstabenkarten vor, auf denen alle Großbuchstaben des Alphabets und auch einige häufige Kleinbuchstaben wie *d, t, i, e* und *r* in Druckschrift einzeln abgebildet sind. Stellen Sie dazu folgende Aufgaben:
> *Welche kennst du? Welcher ist das?*
> Die Karten, die das Kind als bekannt heraussucht, diktieren Sie ihm anschließend entsprechend der Bezeichnung (Laut oder Buchstabenname), die es selbst für den Buchstaben gewählt hatte:
> *Schreib mal ein …!*

Im Blick auf das Können der Kinder geht es nicht um die Anzahl der bekannten Buchstaben, denn das ist nur ein Anzeichen für das Ausmaß technischer Schrifterfahrung vor der Schule, und auch nicht darum, ob sie Buchstaben von anderen Zeichen unterscheiden (vgl. FÜSSENICH/LÖFFLER 2005 Materialheft, S. 10) oder Embleme wiedererkennen können (vgl. BRINKMANN/BRÜGELMANN 2003). Vielmehr geht es uns um den Zusammenhang zwischen Kenntnis, Gebrauch und Begriff von Buchstaben. Genauer: Welche Buchstaben kennen Schulanfänger, die sie auch willkürlich produzieren können? Auf welche Vorstellungen von der Schrift verweisen ihre Bezeichnungen der Buchstaben?

Auswertung: der Begriff von Schrift

Zur Auswertung der Buchstabenaufgabe ist es nicht bei allen Kindern wichtig, ihre Buchstabenkenntnis vollständig zu notieren. Es geht auch nicht darum, dieses Wissen im Unterricht individuell zu vervollständigen. Vielmehr sollten Sie zum einen notieren, wenn ein Kind schon viele oder nahezu alle Buchstaben kennt und/oder nach Diktat richtig aufschreiben kann, damit Sie wissen, dass es dies im Unterricht nicht mehr lange üben muss, sondern weiterführende Aufgaben zum Schreiben braucht (s. Übersicht über Lernhilfen, S. 159 f.).

Unbedingt zu notieren sind Ihre Beobachtungen zu den Kindern, die noch keinen oder nur einen Buchstaben kennen und deren Vorstellung von der Schrift noch undifferenziert ist. Dies ist ein Signal dafür, diesen Kindern für sie persönlich wichtige Erfahrungen mit Schrift im Unterricht zu erschließen und zu bestärken.

An Beispielen möchten wir Ihnen unterschiedliche Lernausgangslagen und mögliche Lernhilfen aufzeigen, damit Sie auch bei Ihren Kindern erschließen können, welcher Weg zur Schrift bei Beobachtungen sichtbar wird und wie er für den schulischen Schrifterwerb produktiv genutzt werden kann.

Welche Buchstaben kennen Schulanfänger?

Generell sind Schulanfängern Großbuchstaben häufiger bekannt als Kleinbuchstaben. Im Durchschnitt kennen sie etwa die Hälfte der vorgelegten Großbuchstaben (vgl. DEHN/HÜTTIS-GRAFF 2002). Erstaunlicherweise kennen Schulanfänger die Buchstaben des eigenen Namens jedoch nicht eher als andere Buchstaben. Schon in der 3. Schulwoche beeinflussen hingegen die mit der Fibel eingeführten Buchstaben ihre Buchstabenkenntnis deutlich.

Im Modellversuch „Elementare Schriftkultur" (vgl. BEHÖRDE für Schule, Jugend und Berufsbildung in Hamburg 1996) können jedoch selbst in der 7. Schulwoche noch 6 % der Schulanfänger keinen einzigen Buchstaben heraussuchen, bezeichnen und aufschreiben – vor allem in den Klassen, die sogleich alle Buchstaben z. B. mit einer Anlauttabelle verfügbar machen. Ohne Kenntnis einiger Buchstaben können Kinder jedoch keinen adäquaten Buchstabenbegriff entwickeln und damit auch keine Einsicht in die Struktur der Schrift erlangen. Es ist im Blick auf diese Schulanfänger nun ganz wichtig, im Unterricht zu erreichen, dass diese Kinder ihre Aufmerksamkeit auf Schrift richten, die Art der Zeichen erkunden sowie Erfahrungen damit machen, dass Schrift Gemeintes oder Gemaltes wiedergibt.

Auf welche Vorstellungen von der Schrift verweisen die Bezeichnungen der Buchstaben?

Während die Anzahl der bekannten Buchstaben nur den Umfang der Schrifterfahrung vor der Schule anzeigt, verrät die Art, wie Kinder Buchstaben bezeichnen, ihr kognitives Schema von Schrift. Achten Sie bei der Beobachtung auf folgende mögliche Vorstellungen von Schrift:

- **Buchstabe als Laut:** Viele Kinder nennen den Laut eines Buchstabens und nennen dazu häufig ein Wort, in dem der Buchstabe vorkommt. Dabei verweisen Äußerungen wie *S wie Sonne* oder *L wie Lampe* auf Hilfestellungen der Kinder, wie sie auch bei Buchstabentabellen und in Lehrgängen vorkommen. Ob diese Kinder sich diese Zuordnungen lediglich gemerkt oder aber den phonematischen Bezug zwischen Schrift und Sprache schon verstanden haben, erkennt man daran, ob sie auch Anlaute anderer Wörter isolieren oder weitere Wörter mit demselben Anlaut finden können.
- **Buchstabennamen:** Wenn Kinder die Namen von Buchstaben kennen, ist offen, ob sie zugleich auch ihre lautliche Funktion kennen. Für den Unterricht gilt es, im Blick zu haben, dass diese Kinder ihr Vorwissen über Lautbezeichnungen verknüpfen können mit dem Unterrichtsangebot und nicht meinen, (der Laut) *T* sei etwas anderes als (der Buchstabenname) *Te*.
- **Buchstabe als Silbe:** Manche Schulanfänger beziehen sich beim Bezeichnen der Buchstaben auf Silben: *Ka wie Kamel* und *Timo mit Ti*. Sie beziehen sich damit auf sprechmotorische Einheiten der Sprache (phonologische Bewusstheit) und haben Laute als kleinste bedeutungsunterscheidende Einheiten der Sprache noch nicht im Blick, die ja kognitive Einheiten sind (phonemische Bewusstheit). Anlauttabellen könnten diese Kinder noch nicht benutzen, sie sind zunächst auf Erfahrungen zur weiteren Differenzierung ihrer sprachlichen Bewusstheit angewiesen. Entsprechende Anregungen zur Analyse von Lauten haben sich vor allem in Kombination mit den entsprechenden Buchstaben als förderlich für das spätere Lesen und Rechtschreiben erwiesen: Schrift strukturiert die Wahrnehmung von Sprache. Solche Verbindungen zwischen Hören, Sehen und Nachdenken über Schrift und Sprache lassen sich schon in der Vorschule nahe legen.
- **Buchstabe als Wort, als Form oder als „Eigentum":** Wenige Schulanfänger verfügen noch nicht über einen solchen tragfähigen Buchstabenbegriff. Dies ist ein Signal für wenige technische Schrifterfahrungen und mögliche Schwierigkeiten, das im Anfangsunterricht Angebotene anneh-

men zu können. Sie setzen z. B. einzelne Buchstaben mit ganzen Wörtern gleich: *Vau wie ein Vogel* oder *U wie U-Bahn*. Unsere Schriftzeichen sind für sie Repräsentanten für Begriffe, Schrift ist für sie wie das Chinesische eine Bilderschrift. Andere Kinder grenzen Schrift nicht von zweidimensionalen Formen ab: Das *X* bezeichnen sie als *Kreuz*, das *i* als *Strich mit nem Punkt*. Oder sie unterscheiden Buchstaben nicht von mathematischen Zeichen: *Z* bezeichnen sie als *2*, das *e* als *9*. Malen und Schreiben ist für diese Kinder dasselbe. Wieder andere personalisieren Buchstaben: *So wird meine Mutter geschrieben.* Oder behandeln sie wie Eigentum: *Der gehört meinem Freund Olaf.*

Schriftkenntnisse austauschen und erproben

Wie kann Unterricht solche singulären Erfahrungen mit Schrift aufgreifen und verbreitern? Für den Übergang zur Schrift brauchen diese Kinder Aufgaben mit Bild und Schrift, die Unterschiede zwischen Bild und Schrift, zwischen Person und Zeichen erfahrbar machen. Solche Erfahrungen macht Hanna beim Schreiben von *Oma* (S. 10) und sie werden auch in sozialen Lernsituationen wie beim Leeren Blatt oder Memory mit Schrift ermöglicht, weil Widersprüche zum Erwarteten sichtbar werden können, die den Gebrauch von Schrift und den Austausch über Schriftzeichen provozieren.

Schon vor Schulbeginn können Memorys mit Fotos von den Kindern nicht nur das Kennenlernen der Mitschüler befördern, sondern auch – wenn der Name auf einer Rückseite von jedem Kartenpaar steht – die Aufmerksamkeit der Kinder auf das Geschriebene richten. Selbst käufliche Memoryspiele, z. B. mit Tieren, lassen sich durch Beschriften jeweils einer Rückseite eines Paares schnell als Gelegenheit zur Erkundung der Schrift gestalten, die dann zugleich das Sprachlernen befördert. Weitere Aufgaben und soziale Kontexte für die Anbahnung von Schrifterfahrung sind in Band I ausgeführt: zum eigenen Namen und seinen Buchstaben (S. 88f., 91f., 139f.), zum Rezeptlesen (S. 92–94), zur Auseinandersetzung mit der Form von Buchstaben (S. 130f., 144f.).

Kinder mit einem unzureichenden Buchstabenbegriff brauchen in der Auseinandersetzung mit Geschriebenem derartige Gelegenheiten für Entdeckungen, damit sie ihr kognitives Schema von Schrift differenzieren können. Gerade diese Kinder sind auch angewiesen auf eindeutige Begrifflichkeiten, die Sie als Lehrende im Unterricht prägen: Bilder malt oder zeichnet man, mit Zahlen rechnet man und mit Buchstaben schreibt man Wörter und Namen – Buchstaben werden also nicht gemalt.

Reimen: die Aufgabe

Für den Schrifterwerb ist es im Gegensatz zu alltäglichen Sprechsituationen wichtig, dass Kinder ihre Aufmerksamkeit nicht auf die Situation, die Intention und den Inhalt des Gesprochenen richten, sondern auf die Struktur der Sprache, auf ihre Form, auf Sprache als Gegenstand an sich. Schon vor der Schulzeit nutzen Kinder die lautliche Seite der Sprache: in Liedern und Reimen, in Kniereitern, bei Abzählversen und beim Sprachspiel. Sie spielen dabei spontan mit Sprache, allein oder auch miteinander. Daran können sie anknüpfen, wenn Sie sie nach dem Buchstabendiktat auffordern, Reime zu bilden.

> **Reimen – Aufgabe für einzelne Kinder**
> *Jetzt machen wir ein Spiel. Ich fang an und du machst weiter.*
> Ohne den Begriff „reimen" kennen zu müssen, werden die Schüler durch Ihr rhythmisiertes Vorsprechen und die offensichtliche Leerstelle implizit herausgefordert, die folgenden unvollständigen Reime fortzusetzen:
> - *Ene mene muppe,*
>   *ich wünsche mir ne* _____
> - *Schnari schniri schnase,*
>   *du bist gleich* _____
> - *Morgens früh um sechs*
>   *kommt die kleine* _____
> - *Ong drong dreoka*
>   *lämbo lämbo* _____
> - *Schnibbeldi schnabbeldi schnause,*
>   *ich will gleich* _____

Das Besondere dieser Aufgabe ist, dass es nicht nur eine richtige Lösung gibt und es hier wie beim Sprachspiel nicht darauf ankommt, dass das Gesprochene Sinn ergibt. Was zählt, ist die strukturelle Fortführung der Vorgabe. Diese Offenheit des Ergebnisses und die Einbindung in rhythmisches Vorsprechen stehen im Gegensatz zu bekannten Reimaufgaben, die explizit zum Reimen auffordern: z. B. aus vorgegebenen Bildern die sich reimenden Paare zusammenzulegen oder zu entscheiden, ob sich zwei vorgesprochene Wörter reimen oder nicht (BISC, s. S. 149). Sind diese Diagnoseaufgaben analytisch auf Überprüfung angelegt (richtig/falsch), geht es hier darum, den Gebrauch von Sprache und die – auch unwillkürliche – Sprachgestaltung anzuregen und zu erschließen. Im Fokus ist nicht die Einsicht in die

Phonologie der Sprache als Zeichen sprachlicher Bewusstheit, sondern die Orientierung des eigenen Sprechens an der rhythmischen und lautlichen Struktur der Vorgabe – als frühes Anzeichen für die Vergegenständlichung von Sprache (BOSCH 1984).

Auswertung: die Vergegenständlichung der Sprache

Wenn Sie im Beobachtungsbogen (S. 133) jeweils sogleich aufschreiben, wie ein Kind die fünf Reime beendet, können Sie erkennen, inwiefern Kinder sich vom Rhythmus des Vorsprechens wie beim vorschulischen Sprachspiel tragen lassen oder sich ausschließlich am Inhalt orientieren. Sie kreuzen anschließend an, ob das Kind sich allein am Inhalt oder auch an der Struktur des Reims orientiert. Im Modellversuch bewiesen 87 % der Kinder, dass sie bei dieser Aufgabe mindestens einmal ihre Aufmerksamkeit auf die sprachliche Form richten können, also Sprache als Gegenstand an sich gebrauchen. Die Vielfalt ihrer Reime ist dabei überwältigend: Sie tun sich damit leichter als mancher erwachsene Schriftkundige. Dies rührt offenbar daher, dass Schulanfänger als rein orale Sprecher im Reimen nicht wie Schriftkundige durch eine „formale" oder orthografische Hürde der Schrift eingeschränkt sind.

Die Vielfalt der Reimfähigkeiten

Die Spielräume der Aufgabe werden in vielfältigen Fortführungen der Reime deutlich, bei denen die Kinder unterschiedliche Orientierungen finden. Am Beispiel des vierten, magisch wirkenden, sinnleeren Reimes *Ong drong dreoka, lämbo lämbo ...* sei dies aufgezeigt (s. DEHN/HÜTTIS-GRAFF 2002). Wie bei den anderen Reimen finden die Kinder hier sowohl sinnleere Schlüsse wie *zeoka, kendoka, teoma* oder *popopa* als auch sinnvolle Reimenden wie *wunderbar, ist nicht da* oder *Hamburga*.

- **Gelingendes Reimen:** Reimen gelingt dann, wenn Kinder sich auf die Struktur der Sprache beziehen, also auf Reim und Rhythmus des Vorgesprochenen (s. Übersicht). Neben den besonders häufigen (dreisilbigen) Endreimen bilden Kinder auch (zweisilbige) Binnenreime wie *rämbo, zängo, lämbolämbo* oder *pändopändo*. Auf literale Erfahrungen damit, welche Struktur Abzählreime haben, verweisen überraschende, einsilbige, lautlich freie Schlüsse, wie *wosch, ta* oder *ro*. Insofern zählen sie auch zu den gelingenden Reimen.
- **Nicht gelingendes Reimen:** Das Reimen gelingt nicht, wenn Kinder sich

Auswertung: die Vergegenständlichung der Sprache 61

ausschließlich am Inhalt orientieren – und nicht an Reim und Rhythmus der Vorgabe. Sie beenden den 4. Reim beispielsweise mit *geht in die Schule* oder *hokuspokus*. Diese Kinder brauchen in der Schule zahlreiche Anregungen dafür, damit sie ihre Aufmerksamkeit auf die Struktur der Sprache richten lernen.

Manchen Kindern gelingt schon eine rhythmische Orientierung – allerdings ohne lautliche Entsprechung; Beispiele hierfür sind dreisilbige Fortführungen wie *füroham, koroko* und *pimbombom*. Auch diese Kinder können ihre Aufmerksamkeit erst zu wenig auf die Struktur der Sprache richten.

Die Übersicht zeigt gelingende Reime, die Kinder aus dem Modellversuch auf die vierte Reimvorgabe fanden. Alle sind an der Struktur von Sprache orientiert, unabhängig davon, ob sie auch inhaltlich eine Bedeutung haben.

Ong drong dreoka
lämbo lämbo ...

Formen gelingender Reime

dreisilbige Endreime		zweisilbige Binnenreime	einsilbige Abzählschlüsse
struktur- und inhaltsorientiert	strukturorientiert		
Er ist da	zeoka	rämbo	da
wunderbar	weoka	lämbo	ha
Hoppssassa	deoka ...	främbo	za
Gar nix da	kendoka	hämbo ...	läm
Zaubera	umboka	zängo	ro
Kasper da	tremboka ...	ombo	wosch
Ist nicht da	teoma	pädo pädo	kaptsch
Mamama	preopa	ondro brembo	
Ist doch klar	leopa ...		
Seehund klar	katzena		
Hamburga	bumbada		
Hexenscha	krankrana ...		

Die Struktur der Sprache in den Blick rücken

Eine wichtige Lernhilfe für Kinder, die noch nicht reimen können, sind vielfältige Erfahrungen mit Abzählversen, Reimen, Liedern und Zungenbrechern in der Klasse: Das bedeutet für Sie, immer wieder Gelegenheiten zum Abzählen und zum rhythmischen Klatschen aufzugreifen und zu schaffen (Spiele, Lieder, Robotersprache, vgl. BRINKMANN u. a. 1993, 2003).

Die Vergegenständlichung der Sprache kann entscheidend unterstützt werden, wenn das Gesprochene sichtbar gemacht wird. Aus der russischen Lernpsychologie sind entsprechende Übungen bekannt, Klötzchen für sprachliche Einheiten zu legen, in anderen Übungen werden Wörter nach ihrer Länge verglichen (Wozu brauchst du mehr Puste?, s. Band I, S. 143 f.). Und manche Fibeln unterstützen die Strukturierung der linearen Buchstabenfolge durch Silbenbögen oder Signalgruppen. Um solche Prozesse der Bewusstwerdung von Sprachstrukturen am Schulanfang anzustoßen, eignet sich insbesondere die Schrift,

- indem Lieder nicht nur wiederholt gesungen und dazu rhythmische Bewegungen gemacht werden, sondern sie zudem beispielsweise auf Plakate geschrieben und durch Piktogramme „lesbar" gemacht werden,
- indem Zungenbrecher und Reime der Kinder nicht nur wiederholt rhythmisch gesprochen, sondern auch aufgeschrieben werden.

Das Aufschreiben solcher mündlich bekannter strukturierter Texte ist ein Anstoß dafür, die Aufmerksamkeit der Kinder auf die (Schrift-)Struktur zu richten (s. zum Diktieren Band I, S. 100 ff.). Zur Unterstützung können optische Auffälligkeiten gemeinsam in diesen Texten markiert (Reime, Wiederholungen, besondere Buchstaben, Silben) und das Markierte beim Sprechen betont werden, sodass der Bezug zum Gesprochenen offenkundig wird. Die Kinder können aber auch individuell darin auf die Suche danach gehen, welche Zeichen sie schon kennen – z. B. aus ihrem Namen (vgl. HÜTTIS-GRAFF 2005). Werden diese rhythmischen Texte von den Kindern in einem Heft gesammelt und individuell gestaltet (s. Band I, S. 89–91), können sie das Aufgeschriebene und Markierte zum Aufsagen und „Lesen" nutzen.

Es geht also darum, Kinder auf die so flüchtige Struktur der Sprache aufmerksam zu machen, indem man von ihrem mündlich Gekonnten ausgeht und es aufschreibt. In der Schrift sind wesentliche Sprachstrukturen sichtbar: Das Verfolgen der Zeilen mit dem Finger oder mit den Augen, das Erkennen von wiederholten Wörtern und markierten Buchstaben bestärkt ihre Aufmerksamkeit für die Sprache als Gegenstand (BOSCH 1984). Angesichts der Schrift verändern Kinder also ihr Sprechen, sie artikulieren die Verse willkürlicher. Indem Kinder anhand der aufgeschriebenen Texte dem Bezug zwischen dem Gesprochenem und dem Geschriebenen nachgehen, entfalten sie also nicht nur ihr kognitives Schema von Schrift, sondern zugleich auch ihre Sprachbewusstheit. Denn die immer wieder und auch lange zu betrachtende Schriftstruktur ist wie eine Folie, die die Kinder in der Wahrnehmung der so schwer greifbaren Sprachstruktur unterstützt – und zwar zielgerichtet auf die für den Schrifterwerb wesentlichen Merkmale.

6 Lernbeobachtung Schreiben und Lesen in Klasse 1: Konzeption und Aufbau

Beobachtungen im Unterricht

Beobachtungen zum Lernprozess unserer Klasse und einzelner Kinder können wir jederzeit anstellen: wenn die Kinder schriftliche Aufgaben lösen, wenn sie sich am Unterrichtsgeschehen beteiligen, wenn sie sich selbst Ziele setzen, Arbeitsmittel auswählen und ihre Ergebnisse kommentieren.

Alle Kinder machen Lernfortschritte, aber der Lernzuwachs ist sehr unterschiedlich groß, und die Kinder beschreiten – auch wenn es einen gemeinsamen Lehrgang gibt – durchaus unterschiedliche Wege.

Alle Kinder müssen Schwierigkeiten im Lernprozess bewältigen. Lernschwierigkeiten gehören zu allen Lernprozessen dazu, also auch zum Schriftspracherwerb: Die Kinder erweitern und verändern ihre Zugriffsweise beim Lesen und auch beim Schreiben und ihre Vorstellungen darüber, wie Schrift funktioniert, immer wieder, weil sie sie auf ihre neuen Lernerfahrungen beziehen. Dabei sind Fehler unausweichlich, vor allem wenn sich die Kinder an neuen Aufgaben erproben, die einen Transfer des bisher Angeeigneten erfordern.

„Qualität" der Fehler

Fehler sind nicht bloß falsch; ihre Qualität ist sehr unterschiedlich. Sie geben Einblick in die geistige Arbeit des Kindes bei der fortschreitenden Schriftaneignung:

Wer *R* schreibt und damit seinen *Rauhaardackel* meint, hat schon viel von Schrift verstanden, nämlich dass bestimmte Zeichen die Laute wiedergeben. Wer *HDL* für *Hundeleine* schreibt, gibt darüber hinaus bereits eine Lautfolge entsprechend der Chronologie wieder, nämlich die Anfänge der ersten drei Silben. Wer aber *kdsP* schreibt und damit *Badewasser* meint, hat von der Struktur der Schrift bloß diffuse Vorstellungen. Die ersten beiden Schreibungen sind als „regelgeleitet" erkennbar, für die letzte Schreibung *(kdsP)* können wir nicht nachvollziehen, wie sie zustande gekommen ist.

Beim Lesen verhält es sich ähnlich wie beim Schreiben, allerdings mit dem wichtigen Unterschied, dass das Lesen, weil das Ziel auf dem Papier zu sehen ist, auch dem Anfänger stets erlaubt, sein Ergebnis als Zwischenergebnis an der Vorlage zu überprüfen. Wer statt *Der Motor ist zu laut* liest *Der Motor ist kaputt*, hat verstanden, dass Lesen Sinnverstehen bedeutet. Wer *Der Motor ist zu lahm* liest, hat darüber hinaus auch optische Merkmale der Textvorlage – allerdings ungenau – berücksichtigt. Wer jedoch statt *laut fula* liest, hat offenbar noch keinen Zugang zur Entschlüsselung gefunden.

Mit ihren Fehlern geben uns die Kinder selbst ein Instrument an die Hand, mit dem wir ihren Lernprozess im Anfangsunterricht systematisch beobachten können. Dabei geht es nicht darum, das Richtigschreiben als Ziel aus dem Auge zu verlieren, sondern darum, den Prozess der Aneignung des Lesens und Schreibens angemessen fördern zu können:

- im Blick auf den Lernprozess: Was kann das Kind schon?
- im Blick auf den Anspruch des Lerngegenstandes: Was muss es noch lernen?
- im Blick auf didaktisch-methodische Entscheidungen: Was kann es als Nächstes lernen? Was will es als Nächstes lernen?

Systematische Lernbeobachtung

Die systematische LERNBEOBACHTUNG, die im Folgenden vorgestellt wird (s. Überblick, S. 158 ff.; s. Kopiervorlagen, S. 125 ff.), erfasst die spezifischen Zugriffsweisen der Kinder und ermöglicht es, Einblicke in ihre Lernentwicklung zu nehmen sowie ihre Schwierigkeiten zu kennzeichnen und zu verstehen. Ziel der systematischen LERNBEOBACHTUNG ist, Kinder mit lang anhaltenden Lernschwierigkeiten frühzeitiger und sicherer als bisher zu erkennen, damit wir sie so gut wie irgend möglich zur Auseinandersetzung mit Schrift anregen und sie bei der Aneignung unterstützen. Durch rechtzeitige Lernhilfen beugen wir den fatalen Folgen einer unzureichenden Schriftaneignung für die schulische und die persönliche Entwicklung vor.

Lang anhaltende Lernschwierigkeiten beim Schriftspracherwerb in Klasse 1 bestehen vor allem darin, dass diese Kinder nicht eigentlich anfangen, Lesen und Schreiben zu lernen. Im Lesen zeigt sich das z.B. im späten Beherrschen der Synthese und darin, dass sich die Kinder schwer tun, die Wörter in Teile (Konsonant-Vokal-Einheiten, Silben, Signalgruppen oder Morpheme) zu gliedern und solche Teileinheiten zu bearbeiten. Diese Kinder gehen beim Erlesen eines Wortes weniger zielgerichtet („stringent") vor und haben größere Schwierigkeiten, Hilfestellungen auszunutzen. Beim Schreiben (unbekannter Wörter) kündigen sich lang anhaltende Rechtschreibschwierigkeiten früh dadurch an, dass die Kinder mehrmals diffus schreiben, dass sie sich der Aufgabe eher verweigern oder auch am Ende des Schuljahres noch vorwiegend rudimentär (wie das Beispiel *HDL* für *Hundeleine*) schreiben.

Mit Hilfe des Instruments der systematischen LERNBEOBACHTUNG können wir aber auch weit fortgeschrittene Schulanfänger, die sich ja manchmal in den ersten Unterrichtsmonaten nicht zu erkennen geben und nur brav das jeweils Verlangte ausführen oder sogar verhaltensauffällig werden, entdecken und angemessen fördern. Und natürlich können wir uns auch Einblicke in die Lernwege aller übrigen Kinder mit ihren spezifischen Hemmnissen und plötzlichen Fortschritten verschaffen (s. ausführlich Band I, S. 24 ff.).

Dazu ist es notwendig zu erkunden, wie die Kinder beim Lesen und Schreiben vorgehen und was sie sich bisher über die Prinzipien der Schrift wirklich angeeignet haben. Das heißt, dass die Aufgaben zum Lesen und Schreiben schwerer sein müssen, als es dem Stand des Lehrgangs entspricht. Denn sonst prüfen wir bei manchen Kindern nur die Gedächtnisleistung, mit der sie Unterrichtsinhalte reproduzieren. Gerade Kinder, die sich – mit großer Anstrengung und/oder einer guten Merkfähigkeit – hauptsächlich auf das Erinnern von Wortbildern stützen, täuschen uns häufig eine (zu) lange Zeit über ihre Lernentwicklung, bis die erhöhten Anforderungen in Klasse 3 und 4 oder gar in der weiterführenden Schule die Möglichkeiten mechanischer Reproduktion übersteigen und offenkundig werden lassen, dass die Kinder der Aneignung der Rechtschreibung auf diese Weise ausgewichen sind. Die LERNBEOBACHTUNG ist also eine „Überforderungssituation", um die Lern- und Transfermöglichkeiten der Kinder sichtbar zu machen. Es kommt bei der LERNBEOBACHTUNG nicht in erster Linie auf die richtige Lösung an, sondern darauf, wie die Kinder die Aufgaben anpacken und wie sie ihre Lösungswege im Verlauf der Zeit verändern. Das heißt, dass wir die Lernbeobachtung mehrmals durchführen, und zwar im November, Januar und Mai. Darüber hinaus können wir sie – und zwar insbesondere die Schreibaufgaben – ein weiteres Mal durchführen, kurz vor Schuljahresende, oder auch zusätzlich zwischen Januar und Mai.

Der entscheidende Unterschied der LERNBEOBACHTUNG gegenüber allen Arten von Testverfahren, informellen Lernerfolgskontrollen wie standardisierten Schulleistungstests, besteht darin, dass es bei der LERNBEOBACHTUNG in erster Linie um qualitative Merkmale von Lernprozessen und um die Art der Zugriffsweise der Kinder geht: Der vorrangige Maßstab ist der individuelle Lernfortschritt, erst in zweiter Linie die allgemeine Norm.

Schreibaufgaben

Die Schreibaufgaben sind im November, Januar und Mai identisch. Neben den vorgegebenen Wörtern können die Kinder ein Wort eigener Wahl aufschreiben. Auf diese Weise kann die Entwicklung der Strategien bei der Aneignung der Rechtschreibung sehr gut deutlich werden – und auch der Zuwachs an Rechtschreibkönnen im Sinne richtiger Schreibungen.

Bei der Entwicklung der Schreibaufgaben vor 20 Jahren bestand bei den Lehrerinnen und Lehrern ein großes Interesse daran, im November nur vier Wörter zu haben. Die Einstellung dazu hat sich inzwischen verändert. Für die Schreibanfänger ist es ohnehin so, dass z. B. *Kinderwagen* zu schreiben ihnen im November leichter fällt als im Januar, eben weil sie im November die Schwierigkeiten weniger differenziert wahrnehmen als später, wenn sie mehr wissen und können. Die Wörter dürfen noch nicht im Unterricht behandelt sein (s. Liste der Ersatzwörter, S. 126). Die Wörter sind nach Länge, Konsonant-Vokal-Struktur und nach der Beziehung zwischen Artikulation und Schreibung so ausgewählt, dass die Versuche des Kindes Aufschluss geben über die kognitive Vorstellung, die es sich von dem Wort machen kann, und über die Art und den Grad seines Schrifterwerbs:

- In welchem Ausmaß kann das Kind das Wort lautlich strukturieren? Das wird z. B. offenbar, wenn man die Schreibung eines langen und eines kurzen Wortes vergleicht *(Sofa – Limonade)*.
- In welchem Ausmaß gelingt die Zuordnung von Schriftzeichen zu Lauten? Dazu ist das Erinnern von Schriftzeichen Voraussetzung (zum Schreiben von noch nicht behandelten = unbekannten Buchstaben s. u.).
- In welchem Ausmaß berücksichtigt das Kind Prinzipien der Schreibung, also das phonemisch-alphabetische Prinzip *(Turm – Kinderwagen)*; oder orientiert es sich noch vorwiegend oder ausschließlich am Verschriften seiner eigenen Artikulation *(Toam – Kendawagn)*?
- In welchem Ausmaß erprobt es bereits „orthografische Elemente" *(Sofer, Munnt, Kienderwagen)*, zeigt also, dass es Einsichten aus der Auseinandersetzung mit Schrift verallgemeinert. Das ist zu diesem frühen Zeitpunkt im Aneignungsprozess insbesondere an Übergeneralisierungen zu erkennen (zur Begründung s. ausführlich Bd. I, S. 48 ff.).
- In welchem Ausmaß folgt das Kind dem morphematischen Prinzip, also der Stammschreibung: Dafür haben wir in der LERNBEOBACHTUNG Schreiben nur das Wort *Mund* ausgewählt. Dieses Prinzip der Orthografie wird als letztes angeeignet. Es spielt in Leistungsermittlungen ab Klasse 2 eine bedeutende Rolle (s. z. B. die Hamburger Schreibprobe HSP). In der LERNBEOBACHTUNG Schreiben Klasse 1 wird *Mund* dem „Umgang mit orthografischen Elementen" zugeordnet.

Die Schreibaufgabe November und Januar enthält in jedem Fall auch Buchstaben, die noch nicht im Unterricht behandelt sind. In vielen Untersuchungen zum Lernprozess hat sich gezeigt, dass die Tatsache, ob ein Buchstabe bereits behandelt ist oder nicht, für die Anforderungen der Aufgabenstellung eine eher untergeordnete Rolle spielt (s. Band I, S. 27 ff.). Entsprechende Nachfragen der Kinder sollen individuell beantwortet werden. Zudem kann jeder Lehrer für seine Kinder eine exakte Unterscheidung zwischen bereits behandelten und noch nicht behandelten Buchstaben treffen und diese Aussagen anhand der Aufgaben der LERNBEOBACHTUNG prüfen (vgl. dazu die Angaben zur Durchführung und Auswertung).

Leseaufgaben

Die Leseaufgaben sind so konzipiert, dass die Kinder von der ersten LERNBEOBACHTUNG an alle Verfahren des Erlesens nutzen können: Stets geht es um Sinnverständnis; stets wird die Fähigkeit zur Synthese und zur Gliederung der Wörter sowie zur Integration dieser Teilprozesse genau erfasst, und die Lesewörter stellen gestufte Anforderungen dazu dar.

Für November und Januar werden ausdrücklich Elemente des Leselehrgangs aufgenommen, Namen von Fibelfiguren *(Uta)* und das Wort *Auto*. Für diese beiden LERNBEOBACHTUNGEN ist ein umfassender Kontext durch ein Bild gegeben. Zugleich ist jedoch sichergestellt, dass die Lösungen nicht einfach erraten werden können. So ist statt *Rad* das Wort *Fahrrad* für die Kinder beim Lesen gebräuchlicher. Statt *zu laut* ist die Vermutung *kaputt* nahe liegend. Auf diese Weise können wir erkunden, ob und inwieweit die Kinder ihre eigenen Entwürfe und Erwartungen am optisch Vorgegebenen kontrollieren.

Die Leseaufgabe für Mai verzichtet auf einen bildlich dargestellten Zusammenhang, weil der Text selbst vielfache Bezüge enthält, die die Kinder beim Erlesen nutzen können: *Susi – Sie; Küken – See – Futter; nimmt – mit.* (Alternativ zu *Küken* kann auch das Wort *Enten* verwendet werden. Es ist zwar begrifflich etwas einfacher als *Küken*, hat aber eine ziemlich seltene Konsonant-Vokal-Struktur und ist deshalb für viele Kinder schwer zu erlesen.)

Die erweiterte Fassung enthält noch komplexere Bezüge: *die eine Ente – die andere Ente; hat kleine Küken – brütet Eier aus; schon – noch.*

Es hat sich für diese 3. LERNBEOBACHTUNG Lesen bewährt, dass die Kinder den Text einzeln auf einen Tonträger aufnehmen (im Gruppenraum, auf dem Flur). Sie als Lehrperson können ihn dann zu Hause oder auch in der Schule gemeinsam mit einzelnen Kindern abhören.

Ob das Kind den Sinn des Gelesenen versteht, ergibt sich fast immer aus der Art, wie es Wort und Satz erliest. Sonst kann man individuell nachfragen, beispielsweise: *Wo will Susi hin? Was nimmt sie mit?* Die Antworten sollten inhaltsbezogen akzeptiert werden: *zum See, zu den Enten, zu den Küken, zum Strand* ... sind auf die erste Frage gleichermaßen akzeptabel wie *Futter, Brot* ... auf die zweite Frage.

Wie bei der LERNBEOBACHTUNG Schreiben dürfen die Leseaufgaben noch nicht im Unterricht behandelt sein. Es geht darum, aus der Art, wie die Kinder das Wort, den Satz, den Text erlesen, Aufschluss über ihre Zugriffsweisen zu erhalten, insbesondere:
- In welchem Ausmaß kann das Kind Buchstaben benennen und diese Kenntnis auch für das Erlesen nutzen *(r – o, ro*; Zeichenerklärung, s. S. 92)?
- In welchem Ausmaß findet das Kind Teilschritte zum Erlesen; in welchem Ausmaß verfügt es über die Synthese und kann das Wort strukturieren *(mo –, mo – t – or, Motor)*?
- Vor allem: In welchem Ausmaß kann es diese Teilschritte, das, was es bereits erarbeitet hat, auf das Wort, um das es geht, integrieren *(der mo:, Mist! mo:, mot' to:r, Motor)*?
- In welchem Ausmaß fungiert die Sinnerwartung und die Kontrolle der Sinnerwartung als Steuerung des gesamten Prozesses *(Fahrrad, ne: R:a:d)*?
- In welchem Ausmaß kann es detaillierte Hilfen erbitten, Fragen stellen und diese Hilfen auch annehmen *(ro:, den kenn ich nicht, ros:a:)*? (Zur Begründung siehe ausführlich Bd. I)

Termine

Der Termin für die 1. LERNBEOBACHTUNG (November) ist so gewählt, dass bereits nach wenigen Schulmonaten ein systematischer Einblick ermöglicht wird. Zum einen können wir auf diese Weise „Überflieger" sicher erkennen; zum anderen haben wir für die besonders langsam Lernenden einen frühen Vergleichspunkt für ihre individuellen Lernfortschritte oder auch ihr anhaltendes Ausweichen vor der Auseinandersetzung mit Schrift. In Bundesländern mit spätem Schulbeginn kann die 1. LERNBEOBACHTUNG auch Anfang Dezember durchgeführt werden. Wichtig ist aber, dass dies vor Weihnachten geschieht. In den Weihnachtsferien findet bei den Aneignungsprozessen der meisten Kinder so etwas wie ein Lernplateau statt.

Die 2. LERNBEOBACHTUNG (Januar) gibt uns bereits wichtige Hinweise auf die Art der Lernhilfen, mit der wir die schwachen Lese- und Schreibanfänger unterstützen sollten. Zu diesem Zeitpunkt geben Kinder, die lang anhaltende Lernschwierigkeiten zu bewältigen haben, ihre Probleme sehr deutlich zu erkennen. Bei den meisten Kindern hat die Weihnachtszeit als Lernplateau eine Sicherung und Konsolidierung des Gelernten und einen oft sprunghaften Lernfortschritt bewirkt. Bei den Lese- und Schreibanfängern mit Schwierigkeiten in der grundlegenden Orientierung beginnt jetzt allerdings häufig eine Phase, in der sie bereits Gekonntes wieder vergessen, weil sie noch keine Struktur erworben haben, um die nun immer größere Menge der Informationen zu ordnen (s. den Wahrnehmungszyklus, S. 11). In diesem Fall ist das ein Hinweis dafür, dass wir bei den Lernhilfen unser Augenmerk auf die Ausbildung kognitiver Schemata richten müssen, nicht nur auf das Üben von Details.

Die 3. LERNBEOBACHTUNG (Mai) zeigt für diese Schülergruppe, wer nun im Schriftspracherwerb so weit fortgeschritten ist, dass weitere spezifische Hilfen überflüssig sind. In vielen Fällen jedoch wird es wichtig sein, Lernhilfen noch mindestens im ersten Quartal von Klasse 2 fortzusetzen. Die LERNBEOBACHTUNG kann verwendet werden, um für Klasse 2 Anträge auf spezifische Lernhilfen im LRS-Bereich zu begründen. Im Übrigen gibt die LERNBEOBACHTUNG Schreiben und Lesen wichtige Informationen zur verbalen Zeugnisbeurteilung an die Hand.

7 Lernbeobachtung Schreiben

Durchführung

Beginnen Sie mit den Schreibaufgaben (s. Kopiervorlage, S.125) und lassen Sie alle Schüler der Klasse schreiben. Sie können dazu zwei Halbgruppen bilden (10 bis 15 Kinder) oder während der Stillarbeitsphasen innerhalb eines Tages die Schreibaufgaben mit einigen Schülern durchführen. Dabei muss dann allerdings gewährleistet sein, dass die Schreibaufgabe noch für jede Gruppe neu ist. Die Möglichkeit der Gruppenbildung erweist sich zumeist für Mai als unnötig. Während der langjährigen Erprobung und Anwendung der LERNBEOBACHTUNG wurden in den meisten Klassen ohnehin schon von November an durchgängig Halbgruppen gebildet. Viele haben die LERNBEOBACHTUNG auch mit der ganzen Klasse durchgeführt.

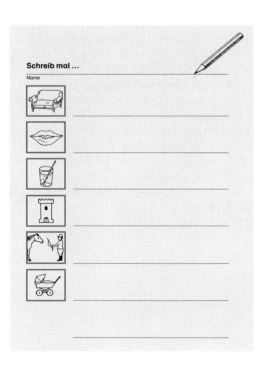

Schreiben November

Führen Sie die Schreibaufgabe so ein, dass die Kinder Spaß am Suchen nach der richtigen Schreibung haben. Die Kinder sollen sich keinesfalls unter Druck gesetzt fühlen. Mit der Verbreitung des freien Schreibens bereits

Durchführung 71

in Klasse 1 ist diese Aufgabenstellung für viele Klassen gar nicht ungewöhnlich. Allerdings sollen ja diesmal alle dieselben Wörter schreiben.

Sie sollten die Wörter in normaler Sprechform artikulieren, nicht besonders akzentuiert. Die Kinder müssen nur genau wissen, um welche Wortbedeutung es sich handelt. Die einzelnen Wörter können mehrmals wiederholt werden, bevor die Kinder sich dann jedes in seinem eigenen Tempo an das Schreiben machen. Und wenn dann schließlich doch einzelne Kinder *Lippen* statt *Mund* schreiben oder *Pferd* statt *Reiter*, können Sie diese Schreibungen trotzdem nach den Kategorien auswerten (s. unten). Sie können – je nach Ihrem Unterrichtsstil – z. B. sagen:

LERNBEOBACHTUNG Schreiben – Aufgabe für alle Kinder
Heute sollt (dürft) ihr einmal (wieder) Wörter schreiben, die wir noch nicht geübt haben. Ich kann daraus sehen, was ihr schon alles gelernt habt, und auch, was wir noch gut üben müssen.
Wir machen solche Schreibaufgaben noch öfter – nach Weihnachten und auch im nächsten Sommer. Dann geb' ich euch wieder, was ihr jetzt schreibt. Und ihr könnt selbst sehen, was ihr dazugelernt habt.
Hier ist das Blatt zum Schreiben.
Sie teilen das Blatt aus und sagen, indem Sie Ihr Blatt hochhalten:
Hier oben steht: Schreib mal ...
Und hier sind sechs Bilder. Dahinter ist immer ein Strich. Da sollt ihr schreiben.
In der 1. Reihe schreibt ihr „Sofa". Das seht ihr auf dem Bild.
In der 2. Reihe schreibt ihr „Mund".
In der 3. Reihe schreibt ihr „Limonade". Die trinkt man. „Limonade".
In der 4. Reihe schreibt ihr „Turm". Den seht ihr ja auf dem Bild. „Turm".
In der 5. Reihe schreibt ihr „Reiter".
In der 6. Reihe schreibt ihr „Kinderwagen".
Und hier unten könnt ihr noch euer Lieblingswort schreiben.
So, jetzt sagen wir die Wörter nochmal zusammen: Sofa, Mund ...

Und wenn ihr etwas wissen möchtet, dann meldet ihr euch leise. Und ich komm' zu euch.
Aber erst mal probiert selbst, wie die Schreibaufgabe geht. Ihr habt genug Zeit, die Wörter jetzt aufzuschreiben.
Wer fertig ist, macht ... (Aufgabe aus dem Unterricht)

Geben Sie ausreichend Zeit, bis (fast) alle Kinder fertig sind. Wenn Kinder Fragen stellen nach einzelnen Buchstaben, können Sie diese individuell beantworten, indem Sie den Buchstaben mit einer anderen Farbe (z. B. grün) auf das Blatt (nicht in das Wort) schreiben. Denn die entscheidende Leistung besteht in der Identifikation des Elements und in der Platzierung im Wort. Demgegenüber ist die gedächtnismäßige Reproduktion des optischen Zeichens eher zweitrangig.

Sie können einzelne Kinder oder auch die Halbgruppe ausdrücklich auf die Möglichkeit hinweisen, ein Wort zunächst einmal zu überspringen, wenn sie nicht sogleich einen Weg zur Schreibung finden. Dieser Hinweis kann aber auch dazu verführen, viele Wörter einfach auszulassen.

Schreiben Januar – Mai

Im Januar und Mai können Sie die Kinder an die frühere Schreibaufgabe erinnern. Sie können – beispielsweise – sagen:

LERNBEOBACHTUNG **Schreiben – Aufgabe für alle Kinder**
Damals habt ihr Wörter geschrieben, die wir noch gar nicht geübt hatten. Wisst ihr noch? Ich kann daraus sehen, was ihr schon gelernt habt und was wir noch gut üben müssen.

(Nachher zeig' ich euch die Wörter, die ihr vor Weihnachten/im Winter geschrieben habt. Dann könnt ihr gleich selbst sehen, was ihr jetzt schon dazugelernt habt.)

Hier oben steht wieder: Schreib mal ...
Und hier unten könnt ihr wieder euer Lieblingswort schreiben.
Also: In der 1. Reihe schreibt ihr „Sofa"
In der 2. Reihe ...
Und wenn ihr etwas wissen möchtet, dann ...

Alle übrigen Bedingungen können Sie unverändert beibehalten.

Auswertung: Zahl der richtigen Buchstaben

Sie können die Schreibungen der Kinder auf zwei verschiedene Arten auswerten, möglichst nacheinander:
- indem Sie die Zahl der richtigen Buchstaben feststellen,
- indem Sie die Zugriffweise des Kindes nach Kategorien bewerten.

Auswertung: Zahl der richtigen Buchstaben 73

Die erste Art des Auswertens ist vermutlich einfacher zu handhaben; die zweite hat den Vorteil, dass sie weit größeren Aufschluss gewährt über spezifische Schwierigkeiten und Fortschritte.

Zählen Sie die richtigen Buchstaben der Schreibungen (zu den Begriffen Graphem und Buchstabe s. Band I, S. 68 ff.). Der „Zweier" *ei* in *Reiter* wird ebenfalls als Einheit (= 1) gezählt.

Wenn ein richtiger Buchstabe allerdings an falscher Stelle auftaucht, wird er nicht mitgezählt. Die Schriftart (Schreib- bzw. Druckschrift, auch im Wort gemischt) und die Groß- und Kleinschreibung (auch mitten im Wort) werden nicht gewertet.

Sofa:	4	*Turm:*	4
Mund:	4	*Reiter:*	5 (4 Buchstaben + 1 „Zweier")
Limonade:	8	*Kinderwagen:*	11

Beispiele:

M u n d   **L i m o n a d e**

M o n t: 2   L i   o   a   : 4
M u nn d: 3   L e m o   a n e: 5
M   N t: 2   L   m   D e: 4

Falsche (z. B. achsengespiegelte) Buchstabenformen werden extra (in Klammern) mitgezählt.

Beispiele:

Flaeiter: 3 (+1)   Reita: 2 (+1)
kendrMaGen: 7 (+2)   Kenwar: 3 (+1)

Für die Betrachtung des individuellen Lernstandes ist es durchaus sinnvoll, auch abweichende Buchstabenformen zu den richtigen Buchstaben zu rechnen, sofern Sie davon ausgehen können, dass das Kind mit Sicherheit den betreffenden Buchstaben meint. Ebenso werden auch die Buchstaben, nach deren Form die Kinder gefragt und die Sie auf dem Blatt notiert haben, in Klammern mitgezählt.

Die LERNBEOBACHTUNG Schreiben umfasst 36 Buchstaben (35 Buchstaben und 1 Buchstabengruppe/„Zweier").

Auswertung: Art der Zugriffsweise

Die folgenden Kategorien beziehen sich auf die Art, wie sich das Kind einen Zugang zur Schrift erschließt, und auf das Ausmaß seiner Schriftaneignung. Die Kategorien sind in erster Linie daran orientiert, ob das Kind beim Schreiben überhaupt regelgeleitet verfährt, und erst in zweiter Linie an der orthografischen Norm. Regelgeleitet heißt nicht, dass das Kind eine Regel nennen könnte. Gemeint ist, dass die Struktur seines Vorgehens nachvollziehbar – eben nicht diffus ist (vgl. dazu ausführlich Band I, S. 38 f.).

Kategorie –: Keine Verschriftung

Das Kind hat *nichts geschrieben*. Es hat sich der Aufgabe verweigert oder es hat etwas gezeichnet.

Kategorie 0: Diffuse Schreibung

Die Schreibung gilt als *diffus*, wenn sie nicht als regelgeleitet erkennbar ist. Das Kind hat offenbar die Beziehung zwischen Lautung und Schreibung noch nicht verstanden. Es können durchaus einzelne richtige Buchstaben vorkommen (die Kinder haben sich einzelne Buchstaben gemerkt, kennen aber ihre Funktion nicht): Die Struktur als ganze ist diffus.

Beispiele:
LF (Sofa)   *MoAiam (Mund)*
4OMO (Limonade)   *LENIFP (Limonade)*

Kategorie 1: Rudimentäre Schreibung

Die Schreibung gilt als *rudimentär*, wenn weniger als zwei Drittel der Buchstaben als regelgeleitet erkennbar sind. Das Kind hat offenbar die Beziehung zwischen Laut und Schreibung verstanden, kann aber die lautliche Struktur nur fragmentarisch notieren: „Skelettschreibung". Nicht alle Buchstaben, die es schreibt, sind richtig, aber alle sind als regelgeleitet erkennbar. Das heißt, wir können die Überlegungen und Orientierungen, die zum Notieren des Buchstabens geführt haben, nachvollziehen (z.B. *e* statt *i*, *o* statt *u*, *t* statt *d*, *m* statt *n*).

Beispiele:
S (*Sofa*: auf den Wortanfang beschränkt)
OA (*Sofa*: nur die Vokale sind verschriftet)
LMN (*Limonade*: Betonen der ersten drei Silbenanfänge)
LET (*Limonade*: Verwechslung e:i, t:d)

Auswertung: Art der Zugriffsweise 75

Es ist nicht immer ganz einfach, eine Schreibung sicher als diffus oder als rudimentär zu klassifizieren. Hilfreich dafür ist, die Schreibung des Kindes der richtigen Schreibung zuzuordnen. Dabei wird auch die Reihenfolge der Buchstaben beurteilt. Gelegentlich fügen Kinder im Stadium des Schrifterwerbs Buchstaben, die ihnen später einfallen, einfach den schon gefundenen hinzu, ohne deren Stellung im Wort in ihrer Schreibung zu beachten (z. B. *LoaM*).

Beispiele:

	S o f a	*M u n d*	*L i m o n a d e*
rudimentär	S	M	L M N
	O A	M t	L I O A
		M n	L E T
			L o a M
diffus	L F	M o A iam	4 OM O
	S O [O		L EN I F P
			t A

Ob das Kind schon rudimentär schreibt oder das Wort bloß diffus notieren kann, ist für die *Passung der Lernhilfen* von großer Bedeutung. Denn im ersten Fall geht es darum, eine Zugriffsweise zu differenzieren; im zweiten muss versucht werden, die grundlegende Orientierung anzubahnen, da hier Übungen noch kaum Erfolg versprechen. Vielmehr muss es darum gehen, dass die Lernbereitschaft entwickelt, das Selbstvertrauen gestärkt und vielfältige Erfahrungen mit Schrift ermöglicht werden, sodass das Kind geradezu provoziert ist, sich mit der Beziehung zwischen Laut und Schreibung auseinander zu setzen (s. Übersicht, S. 158 f.; vgl. zum kognitiven Schema, S. 11).

Kategorie 2: Bessere Schreibungen
Diese Kategorie 2 umfasst unterschiedliche Zugriffsweisen:
- Die Ausrichtung an der eigenen Artikulation *(Mont, Raeta)*; sie führt nicht zu richtigen Schreibungen.
- Die Ausrichtung an dem phonematisch-alphabetischen Prinzip der Rechtschreibung *(Munt, Limonade)*; die meisten Wörter der LERNBEOBACHTUNG können auf diese Weise orthografisch korrekt geschrieben werden: *Sofa, Turm, Limonade, Reiter, Kinderwagen.*
- Den Umgang mit „orthografischen Elementen" *(Munnd, Sova)*; *Mund* kann mit dieser Zugriffsweise orthografisch korrekt geschrieben werden.

Zu Kategorie 2 gehören auch Schreibungen, die zwar vollständiger sind als die rudimentären, bei denen aber noch einige Elemente fehlen. Die Unterscheidung zwischen rudimentär und besser ist also auch quantitativ: Wenn mehr als zwei Drittel der Buchstaben als regelgeleitet erkennbar sind, gilt die Schreibung als „besser".

Mit dem Wort *Mund* ist auch ein Zugriff auf morphematisches Schreiben gegeben. Es hat sich bei den Erprobungen und den inzwischen langjährigen Erfahrungen gezeigt, dass es in Klasse 1 schwer ist, mit einiger Sicherheit auf diese Zugriffsweise zu schließen. Die Schreibanfänger operieren eine ganze Zeit lang eher mit „orthografischen Elementen". Sie haben etwas an der Schrift beobachtet und verallgemeinern dies bei der Schreibung eines neuen Wortes, manchmal als Übergeneralisierung falsch oder eben auch als orthografisch korrekte Schreibung.

Beispiele:

	S o f a	M u n d	L i m o n a d e
vollständiger, aber Elemente fehlen	O F A S O A	M u t M o d	L i o n d L i m n a d e
an der Artikulation orientiert	s o ʃH A	M o n t M o n d	L e m o n a d e
phonematisch richtig	S o f a	M u n t	L i m o n a d e
Umgang mit orthografischen Elementen	s o f er s o v a	M u nn d M u n tt	L iem o n a d e
orthografisch richtig	S o f a	M u n d	L i m o n a d e

Und so können Sie vorgehen, um die Zugriffsweise zu ermitteln:

- Prüfen Sie zuerst, ob das Kind überhaupt geschrieben hat oder nicht (Kategorie: – oder Kategorie: 0, 1, 2),
- Prüfen Sie im zweiten Schritt, ob die Schreibung als regelgeleitet erkennbar ist oder nicht (Kategorie: 0 oder Kategorie: 1, 2)
- Prüfen Sie im dritten Schritt, ob die Schreibung rudimentär oder besser ist (Kategorie: 1 oder Kategorie: 2)
- Prüfen Sie sodann die Zugriffsweise der „besseren" Schreibungen 2a: an der eigenen Artikulation orientiert (falsch: *Toam, Raeta*)

2b: phonematisch-alphabetische Orientierung (richtig: *Sofa*, falsch: *Munt*)
2c: Umgang mit orthografischen Elementen (richtig: *Mund*, falsch: *Munnt*)

Tragen Sie in die Klassenliste (Kopiervorlage, S. 136) die Zugriffsweise, die Ihnen dominant zu sein scheint, an die erste Stelle, alle weiteren Zugriffsweisen, die Sie bei den Schreibungen beobachten, notieren Sie anschließend. So können Sie im Überblick von November bis Mai gut die Veränderungen oder Stagnationen erkennen.

Im Mai können Sie auch die orthografisch korrekten Wörter zählen. Das ist wichtig, wenn es darum geht, den individuellen Lernfortschritt der Kinder in den Blick zu nehmen *(Was kann das Kind schon?)* und ihn in Bezug zu dem Anspruch des Lehrgangs zu setzen *(Was muss es noch lernen?)* und zu didaktisch-methodischen Entscheidungen *(Was kann es als Nächstes lernen?)*; siehe die Beispiele für Lernentwicklungen und Lernhilfen.

Signale für lang anhaltende Schwierigkeiten und Lernhilfen

Die Befunde zum Schreiblernprozess einzelner Kinder und der ganzen Klasse, die Sie auf diese Weise gewonnen haben, müssen vorsichtig interpretiert werden:

Es ist nicht sinnvoll, das Ergebnis der Schreibaufgabe November zu stark zu gewichten. Kinder, die zu diesem Zeitpunkt erst wenige Buchstaben notieren, können durchaus einen sicheren Lernweg finden, auch ohne zusätzliche Lernhilfen. Erst wenn weitere Befunde vorliegen, ist solche Hilfe angezeigt (s. Anja und Carla, S. 100 ff.). Allerdings erlaubt diese frühe LERNBEOBACHTUNG eben, den Lernprozess der nächsten Monate zu erfassen und zu beurteilen.

- Wenn allerdings im *November die überwiegende Zahl der Kinder noch diffus* und stark *rudimentär* schreibt, müsste das Unterrichtskonzept befragt werden: Gibt es genügend Herausforderungen, dass sich die Kinder mit der Beziehung von Lautung und Schreibung befassen? Sind diese für die Kinder auch persönlich und sozial bedeutsam?
- *Diffuse Schreibungen* oder *mehrfaches Verweigern* von Aufgaben, vor allem im Januar und Mai, sind als Signale zu behandeln, dass die Kinder grundlegende Schwierigkeiten bei der Schriftaneignung haben (s. Band I, S. 41, 46 f.).
- Stellen *rudimentäre Schreibungen* in den ersten Phasen des Erwerbsprozesses bedeutende geistige Leistungen dar, weil sie eine Einsicht in das

alphabetische System unserer Schrift beinhalten, so sind sie zu späteren Zeitpunkten Indizien dafür, dass der Lernprozess lange bei der grundlegenden Orientierung stagniert hat oder es an der lautlichen Differenzierung und Strukturierung fehlt. Kinder, die auch am *Schuljahresende* noch vorwiegend rudimentär schreiben, bedürfen ebenfalls besonderer Lernhilfen, sei es, dass sie gerade erst mit der Schriftaneignung begonnen haben, sei es, dass sie ihre Schwierigkeiten bei der vollständigen Strukturierung des Wortes nicht bewältigen können. Welcher Art die Lernschwierigkeit ist, lässt sich im Einzelfall aus der Entwicklung von November bis Mai deutlich erkennen.

- Umfangreiche Vergleichsdaten aus der Erprobung erlauben, für das *Schuljahresende* einen Messpunkt zu formulieren. Sie haben bestätigt, dass Kinder, die zu diesem Zeitpunkt *weniger als 60 % der Buchstaben richtig* schreiben (also nur 21 Buchstaben oder weniger richtig schreiben), der Förderung bedürfen. Alle anderen Kinder (die 22 oder mehr Buchstaben richtig schreiben) werden vermutlich keine lang anhaltenden Rechtschreibschwierigkeiten haben.
- Die *Orientierung an der eigenen Artikulation* beim Schreiben ungeübter Wörter ist eine nahe liegende Zugriffsweise der Schreibanfänger. (Das bedeutet aber nicht, dass sie dazu durch das Unterrichtskonzept angehalten werden sollten, siehe dazu ausführlich Band I, S. 50 f., 108 ff.) Wenn Schreibanfänger am *Ende von Klasse 1* noch *vorwiegend* diese Zugriffsweise anwenden, ist das ein Signal, dass ihr kognitives Schema von der Beziehung von Lautung und Schreibung nicht sachgemäß ist. Sie sollten herausgefordert werden, sich mit Schrift auseinander zu setzen, und nicht das Abhören des Gesprochenen weiter „verfeinern" (s. auch die Übersicht über Schwierigkeiten und Lernhilfen, S. 158 ff.).

Beispiele für Lernentwicklungen und Lernhilfen

Die folgenden Seiten enthalten Schreibungen von 16 Kindern. Die Kinder gehören zu 6 Schulen, die sämtlich in sozial gemischten oder eher benachteiligten Stadtteilen liegen. Sie zeigen unterschiedliche Lernentwicklungen.

Einige Beispiele stammen aus den Erprobungsjahren. Daraus erklären sich die Abweichungen in der Aufgabenstellung.

Zeichenerklärung zu den Übersichten:
− ≙ das Kind lässt das Wort aus
+ ≙ die Aufgabe wurde nicht gestellt

Vom rudimentären Schreiben zur Auseinandersetzung mit der eigenen Artikulation und mit Schrift

Carla	SCHREIB MAL...		
	1. LERNBEOB. November	2. LERNBEOB. Januar	3. LERNBEOB. Mai
Sofa Mund Limonade Turm Reiter Kinderw.	SFa M — — — —	Sofa + leMola Tor Fet eedaFae	Sofa Mont ıimonada torm raiter VaKenKeder
Micha			
Sofa Mund Limonade Turm Reiter Kinderw.	ℓ u a m n — — — d	S u f a + Limud Tum Raid Kndg	S u f a MuNt LeMNaDe TUM Raita Knerfajen
Patrick			
Sofa Mund Limonade Turm Reiter Kinderw.	Sofa Mot lolla Rom Rto gt	SoFa Mot Liond + Raiete Knwd	Sofa Mund Limonade + Reiter Kinderwaken
Sascha			
Sofa Mund Limonade Turm Reiter Kinderw.	S M i m r A	SOFA + Limonad Torm Raida Kndawgen	SofH Mond Lemonade Toam Raeter Kenderwagen

Von der nahezu vollständigen Wiedergabe der Struktur der Wörter zur Auseinandersetzung mit der Orthografie und zum richtigen Schreiben

	SCHREIB MAL...		
Barbara	1. LERNBEOB. November	2. LERNBEOB. Januar	3. LERNBEOB. Mai
Sofa	SOVA	SOFA	sofa
Mund	MO ᴎT	+	Munt
Limonade	NMMOLAD	LIMOLADE	Limonade
Turm	TOM	TORM	Turm
Reiter	REITR	REITR	Reiter
Kinderw.	ᴎᴎDRFAK	KINDERWAGEN	Kinderwagen
Björn*			
Sofa	SOver	sola	Sofa
Mund	MUND	+	Mund
Limonade	LIMONADE	lemonade	Limonade
Turm	TUAM	Tu	Turm
Reiter	REITER	REITER	Reiter
Kinderw.	KINDERWAGEN	KinderwaGen	Kinderwagen
Daniela			
Sofa	Sofa	Sofa	Sofar
Mund	Mond	Mond	Mund
Limonade	limonad	Limonad	Limonade
Turm	+	+	+
Reiter	Reitir	Reiter	Reiter
Kinderw.	KendaWG	Kinderwagen	Kienderwargen
	Nikolaus	Haus	Koaleber (Koalabär)
Ufuk			
Sofa	Sofa	Sofa	Sofa
Mund	momt	Munt	Mund
Limonade	Limomd	Limonade	Limonade
Turm	Torm	+	+
Reiter	Riter	Ralter	Reiter
Kinderw.	Kntrwragn	Knderwagen	Kinderwagen

* Kann bereits zu Schuljahresbeginn lesen

Stagnation verschiedener Zugriffsweisen und Schwierigkeiten bei der grundlegenden Orientierung

	SCHREIB MAL...		
Andrea	1. LERNBEOB. November	2. LERNBEOB. Januar	3. LERNBEOB. Mai
Sofa Mund Limonade Turm Reiter Kinderw.	Sof Mt Lot Tmr Rta Kmwg	Andrea fehlt	Sofa Md Lmod + Rm Wagen
Anja			
Sofa Mund Limonade Turm Reiter Kinderw.	f mt — t r —	OFA — tA A r F	ZOfA Mot tMoe tM rAeA B
Sandra			
Sofa Mund Limonade Turm Reiter Kinderw.	die Unterlagen fehlen	SOʃO — LM TU — ϰ	SOA Mot LOAE OM RER EAWAM
Thorsten			
Sofa Mund Limonade Turm Reiter Kinderw.	LF — — — — —	Thorsten fehlt	SoFA MOW Won WOM rAn —

Saschas Lernentwicklung

Sascha (s. S. 79) hat bereits im November gelernt, ein Wort durch einen Buchstaben zu kennzeichnen, er notiert einen Buchstaben für den Anfangs- oder Endlaut oder einen anderen ihm wichtig erscheinenden Laut. In den folgenden zwei Monaten lernt er ungemein viel dazu. Er kann im Januar auch lange Wörter nahezu vollständig in der Schrift wiedergeben. Mehrfach orientiert er sich dabei an seiner Redeweise (*a* statt *er*, *o* statt *u*). Bis zum Schuljahresende notiert er noch vollständiger, allerdings richtet er sich weiterhin oder sogar zunehmend nach seiner Artikulation. Seine Schreibungen bestätigen, dass er keine lang anhaltenden Rechtschreibschwierigkeiten haben wird. Jedenfalls dann nicht, wenn es in den ersten Monaten von Klasse 2 gelingt, dass er seine Aufmerksamkeit auf das phonemisch-alphabetische Prinzip und auf die Auseinandersetzung mit Schrift richtet.

Lernhilfen für Sascha

Sein Rechtschreiblernen kann didaktisch in folgender Weise unterstützt werden:

Bei einigen Wörtern, insbesondere solchen, deren Schreibungen dialektbezogene Schwierigkeiten enthalten (z. B. *Wind, Mutter, Leine, Hund*), müsste er (unbewusst) Einsicht und Sicherheit gewinnen und sich beim Schreiben stärker an seinem Wissen von Schreibungen als an einer betont genauen Analyse seiner Artikulation orientieren. Hilfreich für ihn ist der Rat: *Sprich, wie du schreibst!* Also die Aufforderung, zu orthografisch korrekten Schreibungen, die er vorfindet oder selbst geschrieben hat, nun auch im Nachhinein zu sprechen. Weniger sinnvoll wäre, seine Artikulation zu korrigieren – als Voraussetzung für das richtige Schreiben. Denn die Orthografie ist nicht auf die Artikulation bezogen, sondern auf das Lautsystem der Sprache (s. Band I, S. 68–74).

Danielas Lernentwicklung

Daniela (s. S. 80) schreibt bereits nach wenigen Schulmonaten unbekannte Wörter nahezu vollständig und weitgehend richtig. Sie verfügt schon im November über ein grundlegendes Verständnis von der Beziehung zwischen Laut und Schrift und über allerlei Detailwissen. Fehler, die auf einer Orientierung an ihrer Redeweise beruhen, treten in den folgenden Monaten eher zurück *(*Reitir, *Kienderwargen)*. Bereits im Januar schreibt sie ausschließlich am Wortanfang groß – ein Zeichen dafür, dass sie sich mit Schrift produktiv auseinander setzt. – Das Phänomen der „Binnengroßschreibung" ist eines, das der Instruktion und Übung nicht bedarf. Bei unseren Erprobungen hat sich erwiesen, dass alle Kinder, zumindest bis Ende Klasse 2, verstanden haben, dass man nur am Wortanfang Großbuchstaben schreibt.

Danielas Schreibungen am Schuljahresende von Klasse 1 zeigen, dass sie sich vor allem um Genauigkeit bemüht und dabei Einsichten aus der Auseinandersetzung mit Schrift falsch verallgemeinert (*ie* statt *i*). Insofern können zusätzliche Fehler durchaus auch Indiz für Lernfortschritte sein.

Auffällig an ihren Schreibungen ist, dass sie bereits im November (und dann durchgängig bis zum Schuljahresende) bei *Mund d* statt des zunächst nahe liegenden *t* notiert, also an einer Stelle entgegen der bloß auditiven Analyse verfährt. Sie wird vermutlich eine sichere Rechtschreiblernerin.

Lernhilfen für Daniela

Für den Unterricht in Klasse 2 können Daniela Aufgaben zum morphematischen Prinzip, also zur Stammschreibung, gestellt werden. Auf diese Weise kann sie ihre Erkundungen auf „verfügbare Informationen" richten, die ihr kognitives Schema vom Rechtschreiben um eine wesentliche Dimension erweitern (s. oben, S. 168–175; s. Kopiervorlagen für das Wörterbuch Bd. I, S. 11; s. die Übersicht über Lernbeobachtungen und Lernhilfen, S. 158 ff.).

Anjas Lernentwicklung

Anja (S. 81) beginnt mit rudimentären Schreibungen. Zwei Wörter lässt sie aus. Das ist – für sich betrachtet – nicht beunruhigend (vgl. dazu S. 100 ff.). Aber die Schreibungen vom Januar zeigen kaum einen Lernfortschritt. Anja verharrt bei rudimentärem Schreiben, die Zahl richtiger Buchstaben ist gleichbleibend niedrig. Wenn wir ihre geistige Fähigkeit, Wörter für sich zu erschließen und das in der Schreibung zu dokumentieren, mit dem Anspruch der meisten Aufgabenstellungen vergleichen, die wir im Unterricht zu diesem Zeitpunkt und in der Folgezeit an Anja richten, dann wird deutlich, dass sie dabei häufig überfordert ist und schon deshalb wenig Lernfortschritte machen wird.

Lernhilfen für Anja

Anja bedarf einer Lernhilfe, die sie anregt und anleitet, sich die Struktur der Schrift zu erschließen und dabei auch Mut und Risikobereitschaft zu entwickeln. Das ist bereits im Januar sehr deutlich. Ab Anfang April hat

Anja Förderunterricht erhalten, dreimal wöchentlich ca. 10 Min. durch eine Lehrerin, die sich diese Zeit zusätzlich zur Klassenlehrerin mit Anja im Raum beschäftigt. Allerdings wurden dabei vor allem Übungen aus dem Unterricht wiederholt. Notwendig aber wäre außerdem gewesen, ihr kognitives Schema, ihren Begriff von Lautung und Schreibung zu erweitern (s. S. 102 f.; s. Übersicht über Lernbeobachtungen und Lernhilfen, S. 158 ff.).

So macht Anja bis zum Schuljahresende zwar Fortschritte, allerdings verharrt sie noch immer auf rudimentärem Schreiben (sie notiert auch einen nicht regelgeleiteten Buchstaben). Es ist offensichtlich, dass sie weiterer Unterstützung bedarf.

8 Lernbeobachtung Lesen

Durchführung

Werten Sie zuerst die Schreibaufgabe aus (s. S. 72 ff.), und wählen Sie dann für das Lesen die Kinder aus, die besonders schwach sind, sowie diejenigen, bei denen die Schreibversuche nicht Ihren Erwartungen entsprachen oder sie übertroffen haben. Das sind in einer Klasse durchschnittlich 3 bis 6 Kinder.

Die LERNBEOBACHTUNG Lesen müssen Sie natürlich mit jedem Kind einzeln durchführen. Es ist wichtig, dass die Aufgabe für jedes Kind neu ist. Daher müssen Sie Sorge dafür tragen, dass andere Kinder nicht mithören können.

Wenn wir die Zugriffsweise des Kindes beim Lesen erkunden wollen, können wir ein technisches Hilfsmittel zur Tonaufnahme (z. B. Kassettenrekorder oder Diktiergerät) verwenden, denn das Produkt ist sonst nur flüchtig und wir können es nicht genau genug auswerten.

Der Aufwand für die LERNBEOBACHTUNG Lesen erscheint ziemlich groß, größer jedenfalls, als er sich darstellt, wenn man einmal angefangen hat! Die Informationen über den Lernweg des Kindes sind ungleich detaillierter als bei der Schreibaufgabe, zudem erfahren wir Genaueres über die Arbeitshaltung und das Selbstbild des Kindes sowie über seine Möglichkeiten, unsere Hilfestellungen anzunehmen – und natürlich auch einiges über die Qualität unserer Hinweise.

Lesen November

Das abgebildete Mädchen (s. Kopiervorlage im Anhang) soll eine dem Kind bekannte Fibel- oder Lehrgangsfigur darstellen. (Sie müssten also unter Umständen einige Personenmerkmale und das Wort *Uta* ändern, damit dem Kind das erste Wort vertraut erscheint.)

– Außerdem kolorieren Sie das Tuschwasser und den Fahrradrahmen bitte rosa.

Lernbeobachtung Lesen – Aufgabe für einige Kinder

Das Kind soll zuerst das Bild betrachten und kommentieren. Dabei soll es die Fibelfigur erkennen. Weitere Anregungen sollten Sie nicht geben.
Und nun lies mal, was unter dem Bild steht. Die Wörter, die du lesen sollst, habe ich unterstrichen. Die anderen sage ich dir. Fang mal an.

Die Wörter *malt* und *ein* sollten Sie dem Kind sagen, wenn es sie nicht im ersten Anlauf erliest. Ausgewertet wird nur der Vorgang des Erlesens bei *rosa* und *Rad*.

Da es darum geht, wie das Kind eine solche Aufgabe anpackt, sollten Sie keinen Hinweis geben, können es aber länger als sonst im Unterricht ermuntern, das Wort selbst zu erlesen. Fragen Sie es gegebenenfalls, was es an dem Wort schon kennt, was es gerne wissen möchte.

Manchmal ist es eine sehr gute Hilfestellung, einfach das zu wiederholen, was das Kind schon gelesen hat, also erarbeitete Wörter und auch Wortteile.

Wenn Sie den Eindruck haben, das Kind ist zu stark angestrengt oder überfordert, sagen Sie ihm einfach das Wort. Sie können das Kind zum Schluss fragen:
- *Was macht Uta?*
- *Welche Farbe hat das Fahrrad?*

Aber diese Fragen kann das Kind auch in Bezug auf das Bild beantworten. In der Regel wird aus dem Leseprozess selbst klar, ob das Kind versteht, was es liest. Wenn Sie nicht sicher sind, ob das Kind die Wortbedeutung verstanden hat, fragen Sie bitte nach.

Beispiele für günstiges Lehrerverhalten

(1) **Mike**   Lehrer
rosa a:l't ...
       ein
       rosa   hm

Der Lehrer greift bei dem gedehnten Lesen (Zeichenerklärung, s. S. 92), das auf einer falschen Vermutung über den Sinn beruht, nicht gleich ein und gibt Mike Raum, sich selbst zu korrigieren.

(2) **Marco**   Lehrerin
rosa   *Uta malt ein ...*
       Fahrrad   erstmal lesen
       ro   ro, richtig
       s: ja
       ro-so, rosa   nochmal von vorn
       Uta ...
       Uta malt ein
       Fahrrad   na, du hast es eben gelesen
       rosa   ja, Uta malt ein rosa ...

Die Lehrerin stellt noch einmal den Satzzusammenhang her. Sie weist Marco, der zunächst nur rät, auf seine Aufgabe hin, bestätigt seine richtigen Ansätze und fordert ihn auf, durch erneutes Erlesen deutlich zu machen, dass er den Sinn verstanden hat.

(3) **Anja**   Lehrerin
Rad r, r:, r:- a   das ist richtig;
                        und dann ein d
       d   das heißt zusammen?
       weiß ich nicht
       Rad   Rad

Die Lehrerin bestätigt die Einzellaute, die Anja benennt, ergänzt das *d*, das noch nicht behandelt ist, und fordert sie zur Synthese auf. Die Lehrerin akzeptiert Anjas Zurückweisung – bei *rosa* hatte Anja mehrfach die Synthese vergeblich versucht – und sagt das Wort.

(4) **Thorsten**   Lehrerin
rosa *welche Farbe war's*
       noch mal?
       orange?   nein
       lila   nein, rosa
       rosa

Thorsten weiß offenbar noch sehr wenig davon, wie man beim Lösen der Leseaufgaben vorgehen könnte. Insofern entspricht die Antwort der Lehrerin seiner Frage.

Lesen Januar

Auch diese Leseaufgabe (s. Kopiervorlage im Anhang) wird durch eine Bildbetrachtung eingeleitet. Wichtig ist, dem Kind zu erklären, dass der Mann, der sich mit dem Automotor beschäftigt, Olaf heißt (Name einer dem Kind bekannten Fibelfigur, ggf. bitte den Namen ändern, nicht aber das Bild). Auch das Wort *Auto* ist in fast allen Lehrgängen zu diesem Zeitpunkt bekannt.
Verfahren Sie mit der Leseaufgabe wie im November, und fragen Sie zum Schluss:
- *Was hat Olaf?*
- *Was ist mit dem Motor (los)?*

Lies mal ...

Olaf hat ein altes Auto.

Der Motor ist zu laut.

Beispiele für günstiges Lehrerverhalten

(5)	**Mike**	Lehrer
Motor	(stöhnt) *der ...*	
	mo:, Mist!	*mo:*
	mo:, mot'to:r	*sehr schön*
		noch mal
	Motor	

Der Lehrer wiederholt den richtigen Ansatz und lobt auch die in der Segmentierung und Betonung noch unklare Wortvorgestalt.

(6)	**Andi**	Lehrer
	Der Motor ist ...	
zu	*Les ich da richtig?*	*mhm*
	hier steht zu!	*mhm*
	Der Motor ist zu!	*Da steht doch noch mehr.*
laut	*lauf?*	*Warum guckst du immer mich an? Du musst hierhin gucken. Der Motor ist ...*
	zu lauf	*Nee, hast dich geirrt.*
	lauft, la-u	
	Der Motor ist laut.	*Ja, lies noch mal die ganze Reihe ...*
	Der Motor ist zu laut.	

Durchführung

Der Lehrer äußert vor allem Zustimmung – zu Beginn, aber auch dort, wo Andi noch ein Wort ausgelassen hat. (Das fällt bei diesem ziemlich souveränen Schüler auch nicht schwer.) Zugleich weist er ihn deutlich auf die Aufgabe hin und gibt ihm einen, allerdings unspezifischen, Hinweis zur Lösung: *Da steht doch noch mehr.*

(7)	**Marco**	Lehrerin
hat	was ist der?	das ist ein h
	h, ha, ha:lt,	
	halt:, halt	du hast da einen gelesen,
		der da nicht steht
	h, ha:t, hat	ja, Tom hat ...

Die Lehrerin beantwortet Marcos Eingangsfrage knapp und überlässt ihm weiterhin die Initiative. Vor allem überlässt sie Marco die Korrektur seines Fehlers. Sie weist ihn lediglich auf die Fehlerart hin, nicht auf den konkreten Fehler.

Ein etwas problematisches Beispiel:

(8)	**Dirk**	Lehrer
Motor	m-o-t-o-r	richtig
		jetzt zieh mal zusammen,
		die Buchstaben
		die beiden zuerst mal
	mo	und das kannst du auch
		(zeigt)
	to	kannst jetzt mal zusammen?
		mo ...
	mo	mo't
	t	to
	to	r; versuch's noch mal
	to	nee, mo...
	mo-ro	Motor
	Motor	

Der Lehrer bestätigt zunächst Dirks ersten Lösungsschritt, die Einzellaute zu benennen. Dann übernimmt er die Initiative, fordert ihn zu genau umrissener Synthese auf und versucht Hilfestellungen für alle folgenden Schritte zu geben, durch Wiederholen von zurückliegenden Teilschritten, häufiger durch Ergänzen des folgenden Elementes. Dirk bleibt bloß Reagierender. Der ersten Aufforderung kann er zwar noch folgen; dann jedoch gerät er zunehmend aus der Bahn. Denn nun muss er sich nicht nur auf die Leseaufgabe, sondern auch auf die Strategie des Lehrers einstellen.
Auf diese Weise erhält man wenig Aufschluss über die Zugriffsweise des Kindes. Solche Hilfestellungen führen nur in seltenen Fällen zum Ziel, und

man muss wohl auch bezweifeln, dass Dirk dabei etwas gelernt hat, was er beim Erlesen anderer Wörter produktiv verwenden kann. Denn das Verfahren des Segmentierens bleibt ihm äußerlich (s. dazu in Kap. 10 Lehrerhilfen bei Leseschwierigkeiten).

Lesen – Mai

Verfahren Sie hinsichtlich der Bedingungen wie im November und Januar. Stellen Sie diesmal die Leseaufgabe (s. Kopiervorlage im Anhang) ohne weitere Vorgespräche: „Ich habe heute diese Geschichte für dich mitgebracht. Lies mal."
Nach Abschluss des Lesens können Sie, wenn Sie darüber unsicher sind, Fragen zum Sinnverständnis stellen:
- *Wo will Susi hin?*
- *Was nimmt Susi mit?*
- *Was will sie mit dem Futter?*
- *Was machen die beiden Enten* (erweiterte Fassung, s. S. 130)?

Lies mal ...

Susi will zu den Küken am See.

Sie nimmt Futter mit.

Beispiele für günstiges Lehrerverhalten

(9)	**Patrick**	Lehrerin
	(Patrick liest den Text langsam und bedächtig)	(kein Kommentar)
	... *sie ni:mmt*	
Futter	*Fü:t*	
	Fütter	
mit	*mi:t*	Mh, das hast du wirklich gut gemacht. Kannst du das noch mal lesen (zeigt)?
	Fut'er	
	Futter	ja

Durchführung 91

Die Aufforderung, ein Wort noch einmal zu lesen, ist ein sparsamer Hinweis auf den Fehler. Patrick erfüllt diese Anforderung.

(10) **Marco**   Lehrerin
Futter *f:u:l, nee*
      fu:l-te:r   *ja, hast du ...*
      Fu:te:r, Fu:te:r   *was ist das?*
      'n Fuß   *'n Fuß, meinst du? Na, sie*
                                  nimmt ...
                                  Wollen noch mal sehen. Ich
                                  glaub, das kannst du noch
                                  deutlicher. Du weißt auch,
                                  was das ist.
      Fu:'te:r
      Fu:, Fu:'te:r   *Was ist das?*
      Futte:r   *Ja, genau. Das ist Essen.*

Die Lehrerin verweist Marco – auch im Satzzusammenhang – immer wieder darauf, nach der Wortbedeutung zu suchen, und verzichtet darauf, was hier vielleicht nahe läge, ihm die Vokalkürze und die richtige Segmentierung zu erläutern. Zugleich äußert sie ihr Zutrauen und bestätigt ihm, dass er das Wort verstanden hat, indem sie selbst einen Oberbegriff nennt.

(11) **Dirk**   Lehrer
Küken *Klaus*   *heißt nicht Klaus.*
                                  K ist richtig, dann kommt
      K-u   *ü*
      ü   *Kü*
      Kü'k, Kü't   *Kük*
      Kü'ken   *richtig, noch mal*
      Küken   *richtig*

Der Lehrer gibt nur knappe Hinweise. Er wiederholt jeweils das Richtige, korrigiert einmal selbst; zweimal macht er bei der Synthese Vorgaben *(Kü, Kük)*. Dadurch bleibt der Vorgang flüssig. Allerdings erhält man über Dirks Zugriffsweise wenig Aufschluss.

Auswertung: Zahl der richtigen Wörter, Wortteile und Buchstaben

Ich empfehle Ihnen, für die Lernbeobachtung November die Tonaufnahme anfangs zu verschriften. Wir haben dafür die folgenden Zeichen verwendet:

- ≙ keine lautliche Verbindung (keine Synthese)
' ≙ kurze Pause, aber keine Unterbrechung des Artikulationsstroms
: ≙ Aushalten (Dehnen) der Laute
( ) ≙ geflüstert

Für die Lernbeobachtung Januar und Mai können Sie die Befunde auch unmittelbar (also ohne Verschriftung) auswerten und interpretieren. (Sicherer ist es freilich, die Leseprotokolle vorher zu verschriften. Außerdem können Sie sich dann leichter mit Kollegen darüber austauschen.)

Sie können das Lesen der Kinder – wie die Schreibaufgaben – auf zwei verschiedene Arten auswerten (auch nacheinander), indem Sie
- die Zahl der richtigen Wörter, Wortteile und Buchstaben zählen,
- die Zugriffsweise und das Können der Kinder im Prozess des Erlesens beschreiben.

Als richtig gelesen gilt ein *Wort*, wenn das Kind das Wort selbstständig bzw. mit einer Lehrerhilfe, die sich auf allgemeine Hinweise beschränkt (s. o.), erliest. Dabei ist es gleichgültig, ob das Kind das Wort sofort oder erst nach mehreren Versuchen selbstständig erliest:

Beispiele:
Als richtig gilt ein *Wort*
- wenn es sofort richtig gelesen wird
- wenn es nach mehreren Versuchen bzw. Teilschritten (mit max. einer Lehrerhilfe, die sich auf allgemeine Hinweise beschränkt,) richtig gelesen wird.
  a:l't - rosa (s. o. Beispiel 1, S. 87)
  mo: - mo: - mot'to:r - Motor (s. o. Beispiel 5, S. 88)
  h - ha - ha:lt - halt: - halt - h - ha:t - hat (s. o. Beispiel 7, S. 89)
  Fü:t - Fütter - Fut'er - Futter (s. o. Beispiel 9, S. 90)

Das Zählen der richtigen *Wortteile* soll Ansätze zur Synthese würdigen. Ein Wortteil wird auch dann als richtig gezählt, wenn er erst nach mehreren

Versuchen erlesen wird oder wenn die Lehrerhilfe allgemeine oder unspezifische Hinweise gibt, eine Frage des Schülers beantwortet (s. Beispiel 7, S. 89) oder wiederholt, was der Schüler gesagt hat; nicht aber, wenn in der Hilfe bereits Buchstaben benannt werden oder die Synthese vorgemacht wird.

Die richtig benannten *Buchstaben* werden gezählt, unabhängig davon, an welcher Stelle im Vorgang des Erlesens sie benannt werden.

Diese quantitativen Befunde bedürfen – wie die beim Schreiben – der Ergänzung.

Auswertung: Art der Zugriffsweise

Die Zugriffsweise des Kindes beim Erlesen eines Wortes können Sie mit den folgenden Kategorien erfassen. Die Kategorien unterscheiden im Sinne des Lesens als Problemlösen (s. ausführlich Band I, Kap. 2) zwischen den Kenntnissen (Buchstabe-Laut-Beziehung), den Teilfertigkeiten (Synthetisieren, Strukturieren) und den Fähigkeiten zur Integration der Teilschritte und zum Einschätzen des eigenen Könnens (Einholen und Annehmen von Hilfen).

Unsere Untersuchungen haben ergeben, dass die Zugriffsweise, vom einzelnen Buchstaben auszugehen *(r-o-s-a, rosa)*, vom Wortteil *(ro, rosa)* oder gleich das Wort als ganzes in den Blick zu nehmen *(ro:s:a)*, gleichermaßen gelingen kann (s. die Übersicht „Wege zum richtigen Erlesen eines Wortes", S. 137).

Allerdings hat der Beginn mit der Silbe *(Nimm zwei!)* den Vorteil, dass er das Problem des Erlesens reduziert: Meist ist bei diesen Leseaufgaben schon die Hälfte geschafft, sodass auch der Anspruch an das Behalten des bereits Erarbeiteten reduziert ist.

Ob der Prozess des Erlesens gelingt oder nicht, hängt weniger ab vom Ausgangspunkt der Zugriffsweise, sondern eher von der Integration der Teilschritte und der Fähigkeit, Hilfen einzupassen. Wir haben den Ausgangspunkt des Zugriffs (Buchstabe – Wortteil – Wort als ganzes) in die Kategorien aufgenommen.

Kategorie 1: Buchstaben benennen können (als Teil des Alphabets oder in ihrem Lautwert)
Das Kind kann die Zuordnung zwischen den Buchstaben und den Lauten herstellen. (Sie können unterscheiden, ob es sich dabei um bereits im Unterricht behandelte oder nicht handelt.) – Zugleich ist das der Ausgang vom Buchstaben.

Kategorie 2: Teilschritte zum Erlesen finden können
- Dazu gehört vor allem die Synthese (von zwei Buchstaben; von drei und mehr Buchstaben).
  Beispiele:
  r-o heißt *ro*
  r'o (ohne Synthese) – *ro*
  Fut'ter
  Die Synthese ist die Voraussetzung zur Bildung von Teilschritten.
- Dazu gehört auch die Fähigkeit, ein Wort zu strukturieren (Ausgang vom Wortteil):
  Beispiele:
  ro – sa,
  Mo – tor
  Kü – ken (Konsonant-Vokal der ersten Silbe)
  alt – es (Wortstamm)
- Als Teilschritt zum Erlesen gehört zudem der Ausgang vom Wort als ganzem:
  Beispiele:
  rosa: *Fahrrad*
  Küken: *Klaus*
- Ein Teilschritt zum Erlesen ist auch die Fähigkeit, bereits bekannte Wörter (z. B. *Uta, Olaf, Auto*) von anderen zu unterscheiden und entsprechend beim Lesen zu verwenden.

Kategorie 3: Teilschritte integrieren und auf das Ziel beziehen
- Behalten und Verwenden des bereits Erlesenen, auch in Bezug auf das einzelne Wort
- Sinnerwartung als Steuerung des Leseprozesses, der einzelnen Teilschritte
  Beispiele:
  Les ich da richtig? Hier steht zu! Der Motor ist zu!
  lauf? zu lauf, lauft, la-u
  Der Motor ist zu laut. (s. Beispiel 6, S. 88)
  Wenn die Sinnerwartung nicht als Steuerung des Leseprozesses fungiert, ist die Zielorientierung erschwert. Das kann ein Grund sein für die „Notfallreaktionen", in denen ein Kind irgendein sinnleeres Wort sagt, um die Situation für sich zu beenden (*moklo* statt *Motor*).
- Kontrolle der eigenen Sinnerwartung
  Beispiele:
  ro, rosanes, ro, ro'sa

lahm, lau:, laut
Mario, M-a-r, ja Mario
Vogelfutter, F, Fu:t'te:r, Futter
Auch die mangelnde Kontrolle der Sinnerwartung kann zu Notfallreaktionen führen, weil die Lesesituation für das Kind ganz unübersichtlich wird.
- Sinnverstehen
Beispiele:
Mo, Mot'tor, also Motor
Fu:, Fut'ter, Futter
- Orientierung: Vor- und Rückgriff auf andere Wörter im Text, auch aus dem Lehrgang: *das fängt an wie ...*
- Bezug zur eigenen Sprache und Lebenswelt herstellen können
Beispiele:
Rad: *Ich hab auch ein Fahrrad.*
Motor: *Manfred* (Name des Bruders) *fängt auch so an.*
Futter: *Ich nehm' auch immer Brot mit.*

Kategorie 4: Einschätzen des eigenen Könnens
- Spezifische Hilfen erbitten, Fragen stellen *(wie heißt der Buchstabe? – das kenn ich nicht)*
- Hilfen annehmen *(was ist der? – das ist ein h – h, ha, ha:lt ...)*

Kategorie 5: Tempo der Aufgabenlösung und Ausdauer
Beides muss auch in Relation zueinander gesehen werden: Für langsame Leseanfänger sind die Anforderungen an ihre Ausdauer ungleich größer.

Kategorie 6: Interesse am Inhalt
Lässt sich das Kind von Text (und Bild) interessieren? Diese Kategorie erfasst noch einmal allgemeiner, was mit der Frage nach dem Herstellen eines Bezugs zur eigenen Lebenswelt und Sprache spezifisch in den Blick genommen ist.

Signale für lang anhaltende Schwierigkeiten und Lernhilfen

Für die Kategorien zur LERNBEOBACHTUNG Lesen gilt in noch stärkerem Maß als für die, die die Zugriffsweise beim Schreiben erfassen, dass sie nicht mechanisch verwandt werden sollten, sondern so, dass der Vorgang des Wort-Erlesens als ganzer – auch im Zusammenhang mit den vorhergehenden und folgenden Wörtern – berücksichtigt wird, vor allem auch im

Hinblick auf die Interaktion mit der Lehrerin/dem Lehrer (zur Auswertung s. die Kopiervorlagen, S. 138–140).
Man kann nicht sagen, dass eine einzige Art beim Erlesen eines Wortes die am besten geeignet wäre: der Ausgang vom Buchstaben, der Ausgang vom Wortteil und der Zugriff auf das Wort als ganzes. Sie stellen mögliche Verfahren dar, können gelingen oder auch misslingen (vgl. „Wege zum richtigen Erlesen" bei ausgewählten Wörtern der LERNBEOBACHTUNG, S. 137; zur Unterscheidung von misslingenden und gelingenden Formen s. Band I, S. 33).

Die Befunde zum Leselernprozess einzelner Kinder bedürfen – wie die zum Schreibenlernen – umsichtiger Interpretation.

- Entscheidend ist zum einen die *Synthesefähigkeit*. Im November wird ca. ein Drittel bis die Hälfte der Kinder die Synthese von zwei Elementen beherrschen, im Januar sind es ca. zwei Drittel bis drei Viertel. Diese Kinder werden vermutlich auch keine lang anhaltenden Rechtschreibschwierigkeiten haben.
  Besondere Aufmerksamkeit brauchen dagegen die Kinder, die am Schuljahresende nicht die Synthese von mindestens drei Buchstaben beherrschen. Gerade die Synthese ist direkter Instruktion kaum zugänglich. Möglichkeiten, sie beim Kind anzuregen, sind z. B. die Minimalpaarbildung *(Wand – Sand; Rosen – Rasen)* und vor allem das Schreiben eigener Wörter/Texte (s. Übersicht über Lernschwierigkeiten und Lernhilfen, S. 158 ff.).

- Die Kategorien *Teilschritte auf das Ziel hin integrieren* und *Einschätzen des eigenen Könnens* sind besonders aussagekräftig in Bezug auf lang anhaltende Lernschwierigkeiten. Schon ältere Untersuchungen haben ergeben, dass es gerade den Kindern mit lang anhaltenden Schwierigkeiten an dieser Stringenz fehlt (vgl. BRÜGELMANN 1984, DEHN 1984, MAY 1986, HÜTTIS 1988). Sie verhaken sich in ihren eigenen Versuchen, sagen – als *Notfallreaktion*, um die Situation für sich zu beenden – schließlich irgendein Wort oder einfach sinnleere Silbenfolgen. Hilfen können diese Kinder in weit weniger als der Hälfte der Fälle annehmen und mit den eigenen Zugriffsweisen verbinden. Auch darin unterscheiden sie sich von den Lesenlernenden, die rasch Fortschritte machen (vgl. ausführlich Band I, S. 32, 35 f.; dort auch zu den aktuellen Bezügen zum Lesebegriff bei PISA).
  Diese Schwierigkeiten zeigen sich bereits im November sehr deutlich. Von großer Wichtigkeit ist, diesen Kindern von Anfang an die Erfahrung zu vermitteln, dass sich Fragen lohnt; dass es sich lohnt, Erwartungen in

Bezug auf das Wort/den Text zu haben und sie genau zu prüfen. Neben die Vermittlung von Buchstabenkenntnis muss die Vermittlung von Lernstrategien treten *(Wie kann das Wort heißen? Steht das da? Was kenne ich? Wonach muss ich fragen?)*. So können diese Kinder dabei unterstützt werden, Teilschritte auf das Ziel hin zu strukturieren, die Sinnerwartung zur Strukturierung des Prozesses einzusetzen und von den einzelnen Schritten des Erlesens zum Sinnverständnis zu kommen.

- Hilfe brauchen außerdem die, die *sich dem Lesen zu entziehen suchen*. Sie stellen sich den Schwierigkeiten nicht. Sie können die Hinweise und Anregungen der Lehrerin nicht aufnehmen. Ein Grund dafür ist möglicherweise, dass sie keine Erfolgserlebnisse beim Lesen haben. Sie sind bei dem einzelnen Schritt im Prozess des Erlesens so langsam, dass sie nicht behalten können, was sie schon erarbeitet haben. Auf diese Weise lernen sie bei jeder Leseaufgabe nur wenig dazu. Gerade für sie ist pädagogische Hilfe schwer zu gestalten. Denn Förderunterricht, der vor allem Teilfertigkeiten zu trainieren sucht, kann unter Umständen ihre inneren Lernblockaden noch verstärken. Möglichkeiten der Lernhilfe können in einer Reduktion der Schwierigkeiten bestehen (kürzere Wörter/Texte). Wichtig sind hier Situationen für leises Lesen mit persönlich interessierenden Inhalten und anschließendem Sprechen über das Gelesene. Das können auch einzelne Wörter sein (s. Übersicht über Lernschwierigkeiten und Lernhilfen, S. 158 ff.).

Beispiele für Lernentwicklungen und Lernhilfen

Sie können die Beispiele 1 bis 11 (S. 87 ff.) selbst analysieren und die Ergebnisse anhand der folgenden beiden Interpretationen prüfen – am besten auch mit Kolleginnen und Kollegen darüber sprechen.

Mikes Lernentwicklung

Mike (1) versucht bereits im November eine Integration verschiedener Zugriffsweisen (s. S. 87): Er synthetisiert mit Hilfe gedehnten Lesens (*a:l't*) und steuert diesen Prozess offenbar (wie der Fehler zeigt) durch eine semantisch (s. Bild!) und syntaktisch akzeptable Sinnerwartung. Sie ähnelt dem Wort *rosa* optisch allerdings nur wenig. Den Fehler bemerkt er selbst und beginnt im zweiten Schritt wiederum mit dem Kontext. Er vergegenwärtigt sich den Satzzusammenhang („ein ..."). Und diesmal gelingt sein Versuch, das Wort sogleich als ganzes zu erlesen. Mike gehört zu den fortgeschrittenen Leseanfängern.

Im Januar hat Mike (5) sich die Aufgabe zerlegt. Er beginnt mit zwei Buchstaben, der ersten Silbe, die er in einem Zug liest. Er empfindet die Aufgabe als schwer und tut das auch deutlich kund. Vielleicht dient das auch dazu, dass er sich nicht innerlich verkrampft. Er wiederholt sein Zwischenergebnis und kommt dann sogleich zu einer Wortvorgestalt, in der die besondere Schwierigkeit dieses Wortes geschickt bearbeitet ist, nämlich dass Anfänger dem Schriftbild nicht entnehmen können, wie das Wort strukturiert ist, also wo die zweite Silbe beginnt. Mike ordnet das fragliche Element t sowohl der ersten als auch der zweiten Silbe zu. Dass er aus dieser Wortvorgestalt im dritten Schritt ohne Schwierigkeit die Bedeutung erkennt, zeigt, dass er weiterhin sinnorientiert liest.

Mike hat die notwendigen Teilfähigkeiten bereits erworben. Es ist zu erwarten, dass der Prozess der Automatisierung rasch fortschreitet und Mike demnächst Wörter einfacher Struktur ohne jede Schwierigkeit erlesen kann.

Lernhilfen für Mike

Weil Mike den Leseprozess schon im November gut selbst strukturieren kann, sind für ihn Aufgaben zum Selbstlesen lernförderlich (z. B. Aufträge zum Wörterbuch, kleine erste Lesebücher oder Texte, die er – nach Vorbereitung – im Stuhlkreis vorlesen kann (s. Band I, S. 88 f., 114 f.). Ab Januar könnte er auch bereits kleine Lektüren vorstellen und Auszüge vorlesen.

Dirks Lernentwicklung

Dirk (8) kann im Januar (s. S. 89) die Buchstaben richtig benennen und nach Aufforderung jeweils zwei Elemente richtig synthetisieren. Obwohl die Lehrerhinweise eher verwirrend sind und Dirks Zugriffsweise so nicht recht deutlich wird, kann man vermuten, dass das Wichtigste, was Dirk fehlt, die Fähigkeit zur Koordination der Teilschritte ist. Es bleibt fraglich, welche Rolle die Sinnerwartung bei ihm zur Steuerung spielt. Vermutlich hat Dirk noch Schwierigkeiten, größere Einheiten zu synthetisieren und sich selbst ein Wort in Teilaufgaben zu gliedern.

Im Mai beginnt Dirk (11) mit dem entgegengesetzten Verfahren wie im Januar bei *Motor*: Er versucht das Wort sofort zu nennen. Sein Entwurf *Klaus* ist semantisch akzeptabel und hat auch optisch Ähnlichkeit mit der Vorlage. Im zweiten Schritt benennt er – der Aufforderung des Lehrers folgend – die ersten beiden Elemente. Dabei verwechselt er u und $ü$. Er nimmt die Korrektur seines Lehrers auf. Zu diesem Zeitpunkt kann er drei Elemente synthetisieren. Außer bei *ü* hat er auch bei *k* Schwierigkeiten. Dass er im vierten Schritt zur Wortvorgestalt kommt, der er auch die Wortbedeutung entnehmen kann, ist wichtig: Es kann – wie der anfängliche Entwurf – als Zeichen verstanden werden, dass er sinnorientiert liest. Allerdings beherrscht er die Teilfähigkeiten immer noch nicht sicher genug. Er bedarf noch der Unterstützung.

Lernhilfen für Dirk

Er kann darin bestärkt werden, von Entwürfen über die Wortbedeutung auszugehen. Aber er muss lernen und darin Sicherheit gewinnen, solche Entwürfe selbst zu prüfen: *Wie könnte das Wort heißen? – Heißt es so?* Eine gute Form dafür ist das Memory mit Schrift für Klasse 1 (s. Band I, S. 83 f.). Eine andere Form ist das Verdecken einzelner Wörter im Text. Die Effektivität wird sicher erhöht, wenn Dirk sich dafür inhaltliche Interessengebiete aussuchen kann. Lernförderlich für ihn ist auch die Aufgabe: Wer bekommt das Bild (s. Kopiervorlage im Anhang). Wenn er Sicherheit im Worterlesen gewonnen hat, sind kurze Texte für ihn förderlich.

9 Lernbeobachtung als Voraussetzung für frühe Lernhilfen

Anja und Carla: Frühe Unterschiede der Zugriffsweise beim Lesen als Indizien für unterschiedliche Lernwege

LERNBEOBACHTUNG Lesen (November)

Text	Leseprotokoll		Kommentar
	Anja	Lehrerin	
rosa	*r:*	*ein ...*	Anja benennt den ersten Buchstaben.
	o	*o*	Sie wiederholt die Hinweise und ergänzt richtig *a*.
	s-a	*s*	
	ra:	*richtig*	Sie synthetisiert falsch;
	ro:	*ro:*	sie wiederholt die Lehrerhilfe, kann
	ro:	*ja, was?*	sie aber nicht weiterführen.
		ro ist kein Wort, geht noch weiter,	
		ro:	Sie wiederholt ihre eigene Benennung
	s: – a	*aha*	der Einzellaute und ihren früheren
	ra	*ne, rosa*	Fehler.
	rosa, rosa		Das richtige Wort wiederholt sie
	rosa	*geht weiter ...*	dreimal. Ist das ein Zeichen für den starken Druck, unter dem sie sich fühlt?
	Carla	Lehrerin	
rosa	*f: (a)*	*r, r*	Carla geht von einer Sinnerwartung aus. Den Hinweis *r* greift sie in einem neuen Entwurf auf.
	rad	*ro:, ro:*	
	ro	*s*	Die dritte Hilfe *s* verwertet sie für einen neuen Entwurf, der richtig ist.
	ro'sa		

Im Sinne der Kriterien für die Auswertung der Lernbeobachtung können beide Kinder das Wort *rosa* nicht erlesen. Beide Kinder machen mehrere Fehler. Aber ihre Zugriffsweise unterscheidet sich deutlich. Carla ist von Anfang an auf die Wortbedeutung gerichtet, Anja geht mehr mechanisch vor. Beide Kinder erkennen selbstständig nur den Anfangs- und Endlaut: Carla das *r* bei *rad*, Anja als Einzellaut. Das *a* kann Anja ebenfalls nur isoliert benennen, Carla kann es – vermutlich weil sie auf die Wortbedeutung gerichtet ist – synthetisieren. Ihr letzter Schritt, in dem sie das vom Lehrer Vorgegebene aufgreift und ergänzt, stellt eine beachtliche Leistung dar. Sie zeigt Initiative beim Umgang mit den Hinweisen, fällt nicht auf alte Fehler zurück. Ob sie zu diesem Zeitpunkt die Synthese bereits beherrscht, ist fraglich. Aber sie stellt sich der Aufgabe. Deshalb ist zu erwarten, dass Carla rasche Fortschritte machen wird. Anja bedarf vermutlich individueller Anleitung, um überhaupt einen Zugang zum Lesen zu finden und einen Sinn darin für sich zu erkennen.

LERNBEOBACHTUNG Lesen (Januar)

Text	Leseprotokoll		Kommentar
	Anja	Lehrerin	
Der Motor	*der ...*	*der ...*	
	kenn ich nicht	*du sollst die Buchstaben mal sagen*	Anja weist die Aufgabe als ganze zurück, obwohl sie, wie sich im nächsten Schritt zeigt, alle Elemente kennt.
	m-o-t-o-r	*klasse, jetzt versuchst du es auch mal zu lesen*	
	hat das Annika auch schon?	*ja, aber jetzt bist du dran.*	versucht, abzulenken/ versucht, sich im sozialen Kontext zu orientieren
	m:a (t), ma:o	*Also sag noch mal die beiden Buchstaben*	beim Syntheseversuch falscher Buchstabe
	m-o	*gut, versuch's mal zusammen*	wiederum Benennen der ersten Elemente
	ma(t)	*m und o zusammen*	Wiederholen des Fehlers Entwurf (wiederum auf der Basis des Fehlers)
	mann	*mo*	
	mo	*jetzt dieses*	
	t-o-r	*versuch das mal zu lesen*	richtiges Benennen wie 1. Syntheseversuch
	t-o:ro: o:, o	*fängt mit t an*	
	t-o-ro, t-o		
	r-o:r (o)	*dieses hieß mo*	
	mo:'lo, moklo	*Motor*	unsinnige Kombination, instringentes Verfahren, weil sie das, was sie selbst bereits erarbeitet hat, nicht verwendet *(t – or)*
	Motor	*Der Motor ist*	
	Der Motor ist	...	

Text	Leseprotokoll		Kommentar
	Carla	Lehrerin	
Der Motor	*das kenn ich nicht der*	*der*	Carlas Kommentar ist – auch im Sinne der Aufgabenstellung – berechtigt.
	mo'to:r	*ja*	Tastendes Erlesen, das trotz Pause und Dehnung zum Sinnverständnis führt; Sicherheit in der Synthese.

Carlas Lernfortschritt ist in der Tat beträchtlich. Sie beherrscht zu diesem Zeitpunkt die Synthese, liest weiterhin sinnorientiert, sodass sie das schwierige Wort *Motor* sofort entschlüsselt. *Der* schätzt sie richtig als zu schwierig ein, weil sie die ersten beiden Buchstaben nicht kennt; und sie äußert das auch. Anja versucht der Aufgabe auszuweichen *(kenn ich nicht)*, obwohl sie die Elemente kennt, und von ihr abzulenken *(hat das Annika auch schon?)*. Sie hat nicht nur erhebliche Probleme mit der Synthese, sondern auch mit der Strukturierung. Sie fällt auf alte Fehler zurück und verfährt instringent, weil sie sich von der Lösung immer wieder entfernt, indem sie nicht Dazugehöriges einführt *(mann, mo:'lo, moklo)*.

Ein Vergleich der Schreibaufgabe – November mit der Schreibaufgabe – Januar bestätigt die Befunde der LERNBEOBACHTUNG Lesen (vgl. S. 81).

Anja bedarf der Lernhilfe. Die m. E. pädagogisch wichtigste Maßnahme für das 2. Halbjahr von Klasse 1 besteht darin, dass Anja selbst einen Weg findet, wie sie das einzige Verfahren, das sie beherrscht, nämlich das Benennen der Einzellaute, im Hinblick auf die Anforderungen der Aufgabenstellung erweitert. Dazu gehört die Entwicklung einer Orientierung an der Wortbedeutung. *Wie könnte das Wort heißen? Heißt es wirklich so?* Dazu gehören auch vielfältige Anregungen zur Synthese, z. B.:
- Anfangs- oder Endsilbe bereits bekannter Wörter lesen,
- Wörterpaare lesen, in denen nur ein Element verändert ist, beispielsweise *Hund – Hand; Baum – Raum,*
- Anja ein Bilderbuch vorlesen; dabei sind einfache Wörter verdeckt (auf jeder Seite ein oder zwei Wörter). Anja soll sagen, wie das Wort lauten könnte (s. Sinnorientierung), und ihre Vermutung dann prüfen, indem sie das Deckblättchen hochhebt.

Dazu gehört auch, dass Anja sich zutraut, Teilziele beim Erlesen für sich zu bestimmen. Dafür sind Wörter von einfacher Struktur KVKV (z. B. *Rose*) oder KVK (z. B. *Hut*) geeignet; aber auch solche, zu denen Anja eine emotionale Beziehung hat, etwa Tiernamen *(Löwe, Krokodil, Nilpferd)*. Dazu können Tierkarten (s. Band I, S. 138) verwendet werden, zunächst mit wenigen Wörtern, sodass Anja Sicherheit gewinnt. Allmählich kann die Wortanzahl vergrößert werden.

Wichtig ist auch, dass es Verwechslungskonflikte gibt, z. B. *Adler – Affe*. Eine weitere gute Möglichkeit ist, dass Anja Gelegenheit erhält, ihre Entscheidung zu beweisen. Wie kannst du beweisen, dass da *Affe* steht? Wie hast du das rausgekriegt? Indem Anja darauf antwortet, könnte sie sich selbst eines Verfahrens zum Erlesen und/oder zur Kontrolle sicherer werden (Selbstreflexion).

Voraussetzung dafür, dass Anja solche Anregungen überhaupt aufnehmen kann, ist, dass sie selbst ein Interesse an Schrift entwickelt: dadurch, dass ihr Interessantes vorgelesen wird, dass sie etwas Wichtiges notieren kann (das ein Kundiger zu lesen versteht, obwohl es nur rudimentär ist), dass sie sich wenige Wörter schreibend einprägt (durch Abschreiben, Beschriften, Ausfüllen), um eine Basis zu gewinnen, auf der sie sich (unbewusst) Regeln bilden kann über die Beziehung von Geschriebenem und Gesprochenem.

Unter Umständen kann sich die Lernhilfe eine Zeit lang auch nur auf solche Anregungen beziehen, so lange nämlich, bis Anja selbst nach Übungen drängt, weil sie lesen und schreiben lernen möchte.

Marco und Sandra: Schwierigkeiten beim Lesenlernen als Erziehungsproblem oder als Denkproblem?

Marcos Zugriffsweise scheint stark sinnbetont zu sein. Seine Entwürfe, die offenbar nur auf einer allgemeinen Sinnerwartung beruhen, könnten auch als Bestreben verstanden werden, mit einer mühsamen Aufgabe rasch fertig zu werden. Für diese Annahme spricht, dass er dreimal auf diese Weise verfährt.

Das Leseprotokoll (s. S. 104) zeigt, dass Marco zu diesem Zeitpunkt (November) alle nötigen Teilprozesse beherrscht: Er findet einen Ansatzpunkt zum Erlesen, der bereits die erste Silbe umfasst, kennt die Buchstaben (bei einer Verwechslung, die er aber unaufgefordert korrigiert) und kommt mit jedem Teilschritt der Lösung ein Stück näher.

Im Unterschied zu anderen (z.B. zu Mike, Beispiel 1, S. 86), die zunächst auch von falschen Annahmen ausgehen, bedarf er aber offenbar der Ermunterung und benötigt mehrere Vorstufen, bis er die Lösung findet. Marco ist wenige Wochen zuvor aus der zweiten in die erste Klasse

LERNBEOBACHTUNG Lesen (November)

Text	Leseprotokoll Marco	Lehrerin	Kommentar
rosa	Fahrrad ro s: ro-so rosa	Uta malt ein ... erst mal lesen ro, richtig ja noch mal von vorn: Uta ...	Marco beginnt mit einem Entwurf, der auf einer richtigen Sinnerwartung beruht, aber keine optische Ähnlichkeit mit der Textvorgabe hat. Er folgt der allgemeinen Aufforderung, indem er mit der K-V-Gruppe beginnt. Er benennt auch den 3. Buchstaben richtig und erliest das Wort, indem er es silbisch zerlegt und einen Fehler selbst korrigiert.
Rad	Uta malt ein Fahrrad rosa ein Fahrrad r:o, äh, ra: ra:t, Rad	na, du hast es eben gelesen ja, Uta malt ein rosa ... da steht nicht Fahrrad. Uta malt ein rosa ... ja	Er wiederholt seinen anfänglichen Fehler und korrigiert ihn nach der Aufforderung ohne weitere Zwischenschritte. Marco versucht es zum dritten Mal mit seinem Entwurf. Das Lesen beginnt er wiederum mit einer K-V-Gruppe, bemerkt seinen Fehler selbst, kommt über gedehntes Lesen zum Wort.
	Sandra	Lehrerin	
Uta	ne, kenn ich nicht weiß ich nicht das ist 'n t hab'n wir noch nicht gehabt u t a Ara Uwe Uta, ne?	doch, versuch mal ja das ist ein u t a das ist ein u Uta ...	Sandra weist die Aufgabe (es handelt sich um ein häufig geübtes Fibelwort) und auch die Ermunterung der Lehrerin entschieden zurück. Sie benennt zwar einen Buchstaben, aber weist dann die Aufgabe zum dritten Mal ab. Sie wiederholt die Buchstaben. Ihre beiden Entwürfe ähneln der Textvorgabe kaum. Vielleicht erinnert sie sich jetzt an das Fibelwort (ne!). Die Lehrerin beendet die Aufgabe, indem sie das Weitere vorliest.

zurückgeschult worden. Für ihn ist Lesen kein kognitives Problem (mehr), wohl aber hat er seine Schwierigkeiten damit. Lesen ist für Marco eher ein Erziehungsproblem; es betrifft seine Anstrengungsbereitschaft und die

Notwendigkeit, schulische Aufgaben zu akzeptieren und sich selbst die Lösung zuzutrauen, ohne die Erwartung persönlicher Zuwendung daran zu binden.
  Sandra weist die Aufgabe ausdrücklich ab. Sie erkennt das häufig geübte Fibelwort im fremden Kontext nicht wieder. Eigenständig kann sie nur einen einzigen Buchstaben *t* benennen, obwohl auch die beiden anderen im Unterricht bereits behandelt sind. Erstaunlich ist, dass sie offenbar weiß, dass es sich um einen Namen handelt (*Ara* ist ein im Lehrgang gebräuchlicher Kunstname). Aber sie kann die Buchstaben in keiner Weise synthetisieren, sondern schließt vom Einzellaut auf das ganze Wort: *a – Ara, u – Uwe*. Sandra weiß nicht genug (sie erkennt das Fibelwort nicht, verfügt auch nicht über die erwartbare Buchstabenkenntnis), und sie kann nicht genug (die Aufgabe in Teilschritte gliedern, sich Informationen durch Nachfragen erschließen, Hinweise aufnehmen, die Synthese ist ihr noch ganz verschlossen): Insofern ist Lesen für Sandra ein Denkproblem.

Noch gravierender ist m. E., dass sie bereits zu diesem frühen Zeitpunkt eine ausgeprägte Abwehrhaltung gebildet hat, die sich als Blockierung für die weitere Lernentwicklung auswirken muss.
  Dass die Schwierigkeiten, die beide Kinder mit dem Schrifterwerb haben, von unterschiedlicher Art sind, zeigen auch ihre Schreibversuche.
  Während Marco die meisten Wörter nahezu vollständig wiedergeben kann (einmal vertauscht er die Reihenfolge *d – e*) und *Reiter* sogar richtig schreibt, notiert Sandra nur wenige Elemente. Bei zwei Aufgaben verweigert sie sich ganz, bei *Sofa* verwendet sie ein buchstabenähnliches Zeichen.

Marco, Sandra
Lernbeobachtung
Schreiben
(Januar)

Der Einblick, den die Schreibversuche in das kognitive Schema erlauben, das Schreiber und Schreiberin von Schrift haben, erklärt nicht die massiven Schwierigkeiten, die Marco im Unterricht immer noch mit dem Lesen hat und die er macht. Er verfügt zwar, wie schon im November, über die grundlegenden Fähigkeiten, aber auf dem Weg der Automatisierung ist er noch nicht fortgeschritten. Dazu gehört Übung, und der sucht er sich auf alle mögliche Art zu entziehen. Manchmal ist er bei der Sache und findet zielstrebig zur richtigen Lösung (vgl. Beispiel 7, S. 89), häufig aber verstrickt er sich, lenkt ab und möchte aufgeben. *Lesen wir das zusammen,* schlägt er dann vor.

Marcos spezifischer Schwierigkeit könnte man m. E. dadurch begegnen, dass er häufig Gelegenheit hat, sehr kurze Texte selbstständig zu erlesen, dadurch Erfolgserlebnisse gewinnt und erfolgsgewiss wird. Wenn er gelegentlich der Klasse einen dieser Texte vorliest, könnte er Bestätigung durch andere erfahren. Aber auch durch Schreiben (selbstständiges Schreiben und Abschreiben) könnte er Sicherheit in das eigene Vermögen gewinnen. Die Zuwendung, nach der er verlangt, sollte nicht zu stark mit seiner Leselernbereitschaft verknüpft werden. Denn sonst könnte er die Lernverweigerung auch als Druckmittel gegenüber der Lehrerin einsetzen. Bei Marco könnte u. U. eine Einzelförderung im Lesen und Schreiben das Gegenteil des Angestrebten bewirken.

LERNBEOBACHTUNG Lesen (November)

Text	Leseprotokoll		Kommentar
	Sandra	Lehrerin	
zu	*ist aus*	*nee, zu!*	Sandra rät.
	zu		
laut	*ha, ha*	*womit fängt das an?*	
		nein	
	Hause, ne?	*ich glaub, du kennst die Buchsta-*	
	nein	*ben noch nicht ganz gut. Wozu sind*	
	zum Lernen	*die denn gut? Was kann man damit*	
		lernen?	

Sandra dagegen ist auf individuelle Unterstützung angewiesen, damit sie ihren engen Zugang zur Schrift erweitern kann. Ihre Schreibversuche spiegeln ihre Schwierigkeiten beim Lesen; auch darin ist sie seit November kaum vorangekommen. Sie kann immer noch nicht die Synthese zweier Elemente, erkennt weiterhin geübte Wörter nicht und hat noch wenig von der Funktion des Buchstabens verstanden:

Die Buchstaben sind zum Lernen gut. Und Lernen ist, so könnte man fortsetzen, von etwas Fremdem, der Schule, verordnet. Schriftaneignung ist jedenfalls für Sandra noch kein persönliches Anliegen.

Sandra erhält von Anfang April bis zum Schuljahresende 30 Stunden Einzelförderung mit zwei Schwerpunkten: durch Vorlesen und Mitlesen informativer und witziger Lesestoffe die Lernbereitschaft zu wecken bzw. zu stützen sowie durch gezielte Wiederholung der Buchstaben (hier mit Hilfe der Lautgebärden) und Übungen zur Synthese ihre Sicherheit in der Sache bzw. ihr Selbstvertrauen zu stützen.

LERNBEOBACHTUNG Lesen (Mai)

Text	Leseprotokoll		Kommentar
	Marco	Lehrerin	
will	...	Und weißt du noch genau, wie der Erste klingt?	Marco zögert.
	w	w, genau	Er beantwortet die Frage richtig
	wi:l	ja, und beides zusammen: Susi...	und kommt dann zur Wortvorgestalt, erst nach erneuter Aufforderung zur richtigen Artikulation.
	will	will, toll	
Futter	f:u:l, nee fu:l-te:r Fu:te:r Fu:te:r 'n Fuß	ja, hast du... was ist das? 'n Fuß, meinst du? Na, sie nimmt... Wollen nochmal sehen. Ich glaub, das kannst du noch deutlicher. Du weißt auch, was das ist.	Marco beginnt mit der ersten Silbe. Seinen Fehler bemerkt er selber, er wiederholt ihn zwar, liest dann aber die Wortvorgestalt richtig.
	Fu:'te:r Fu: Fu:'te:r Futte:r	was ist das? ja, genau das ist Essen.	Die Wortbedeutung findet er nach mehrfacher Ermunterung der Lehrerin (zum Lehrerverhalten s. Beispiel 10, S. 91).

Bis zum Ende des Schuljahrs hat Sandra manches dazugelernt: Ihre Buchstabenkenntnis ist sicherer geworden; sie hat die Synthesefähigkeit erworben, das heißt, sie kann jeweils zwei Buchstaben synthetisieren und mit anderen Einheiten verbinden. An der Automatisierung aber fehlt es noch. Sandra assoziiert immer noch zu rasch zu einzelnen Buchstaben Wortteile oder Wörter, häufig ohne sich selbst zu kontrollieren oder zu korrigieren, und entwickelt noch wenig Initiative beim Erlesen. Vor allem in dieser Hinsicht sind ihre Schwierigkeiten am Schluss von Klasse 1 noch den anfänglichen ähnlich, auch wenn sie jetzt mehr weiß und mehr kann.

LERNBEOBACHTUNG Lesen (Mai)

Text	Leseprotokoll		Kommentar
	Sandra	Lehrerin	
will		„Susi …", es geht weiter	Sandra benennt einzelne Buchstaben, korrigiert ihren Fehler (Nachwirkungsfehler?) selbst, nähert sich der richtigen Lösung bereits im zweiten Schritt.
	s-i wi:-l	*jetzt von vorn wieder*	
	oh! w	*ja, guck auf die Buchstaben,*	
	w – w	*ist besser, als wenn du mich ansiehst*	
	i – icht	*l dahinter*	Sie verfehlt sie wieder durch den Entwurf eines Wortteils, der der Vorlage kaum ähnelt.
	w und l wil	*ja, noch mal von vorn*	Sie greift die Hinweise der Lehrerin auf und findet die richtige Lösung. Die Frage nach dem Zusammenhang wehrt sie zunächst ab.
	wil will, weiß ich nicht	*ja, und wer will*	
		Was hast du als Erstes gelesen?	
	Susi will	*Ja.*	

Sie bedarf weiterhin zusätzlicher Lernhilfen. In Klasse 2 erhält sie diese jedoch nicht, vor allem weil die Klassenlehrerin die Kooperation mit der Förderlehrerin verweigert. (Das hatte bereits in Klasse 1 die Effektivität der Lernhilfe eingeschränkt.) In Klasse 3 beginnt für sie ein normales Förderprogramm für Rechtschreibschwierigkeiten. Ich vermute, dass ihr manche Belastung erspart geblieben wäre, wenn sie zu Schulbeginn wirklich Gelegenheit erhalten hätte, Schrifterwerb als ihr eigenes Anliegen zu begreifen, und Erfolg bei einfachen Übungen erfahren hätte.

Marco hat es auch am Schuljahresende immer noch schwer mit dem Lesen. Ein Stück weit hat er gelernt, selbstständig seine Lese- und Schreibfähigkeiten zu sichern und zu erweitern. Seine Anstrengungsbereitschaft ist deutlich gewachsen. Aber er muss weiterhin angeleitet werden. Die Lehrerin bespricht mit ihm, was für ihn machbar ist und was nicht. Dann lässt er sich auf eine Aufgabe ein, zeigt Freude und Selbstständigkeit. Aber sie kann an ihn nicht dieselben Anforderungen wie an andere Kinder stellen. Marco genießt die Freiräume des offenen Unterrichts, greift öfter zu Büchern in der Leseecke und unterhält sich mit anderen Kindern darüber. Durch das Drucken hat er auch einen Zugang zum Schreiben gefunden.

Wenn wir Marcos Lernweg betrachten, stellt sich die Frage, ob nicht für ihn – wie für Sandra und viele andere – Schrifterwerb zunächst ein Denkproblem war. In seinem ersten Schulbesuchsjahr hat er die grundlegenden Fähigkeiten zwar erworben, aber zugleich Abwehr- und Ausweichstrategien gefestigt, die die weitere Lernentwicklung zu behindern drohten.

Der Lehrerin drängte sich in den ersten Schultagen, die er, nun ins 1. Schuljahr zurückgestuft, in ihrer Klasse verbrachte, die beklemmende Vorstellung auf, er könne später Analphabet werden. Sie suchte planvoll und behutsam zugleich vor allem seine Lernbereitschaft zu entwickeln. Das setzte auf seiner Seite vor allem Vertrauen in die Lehrerin voraus, das Gefühl, sich auf sie verlassen zu können, und auf ihrer Seite manche persönliche Zuwendung.

In Klasse 3 liest Marco noch immer gern und kommt dabei zügig voran. Große Schwierigkeiten hat er weiterhin beim Rechtschreiben – auch beim Rechnen. Aber sein Eifer bei Schreibübungen lässt erwarten, dass er auch künftig das Klassenziel erreicht und eine Aussonderung, wie sie seine Geschwister erfahren haben, sich für ihn erübrigt.

Nadine und Björn: Herausforderungen fortgeschrittener Lese- und Schreibanfänger

Nadine und Björn sind bereits im November weit in ihrer Schriftaneignung fortgeschritten. Sie bewältigen Schwierigkeiten mühelos, die anderen noch mehr als ein Jahr lang zu schaffen machen. Beide können die Wörter vollständig in der Schrift repräsentieren: Nadine orientiert sich dabei noch mehr an ihrer Artikulation *(Mont, Torm, Raiter, KenderWagen)*. Björn berücksichtigt schon vorrangig Prinzipien der Schreibung (mit Ausnahme von *Tu<u>a</u>m*), orientiert sich einerseits am Phonemsystem der Hochlautung *(Mund, Kinderwagen, Tu<u>a</u>m)*, andererseits schreibt er auch entgegen der auditiven Wahrnehmung, versucht sich mit orthografischen Elementen *(Mund, Sover* – hier übergeneralisiert er die Erfahrung, dass das auslautende *[a] er* geschrieben wird, wie bei norddeutscher Artikulation von *Vater, Butter)*.

Das Problem von Groß- und Kleinschreibung spart Björn aus, indem er Blockschrift schreibt. Nadine scheint bereits verstanden zu haben, dass Großbuchstaben nur am Wortanfang vorkommen, nur bei dem zusammengesetzten Substantiv schreibt sie auch den zweiten Bestandteil groß. In der LERNBEOBACHTUNG Schreiben (Mai) schreiben beide Kinder fehlerlos (zu Björns Entwicklung, s. S. 80).

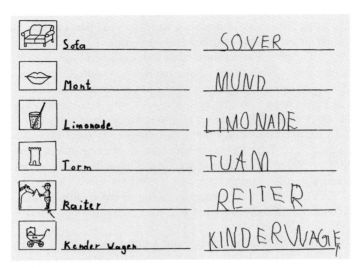

Nadine, Björn
Lernbeobachtung Schreiben (November)

Fortgeschrittene Lese- und Schreibanfänger wie Nadine und Björn sind für Lehrerin und Lehrer eine Herausforderung: Auch diese Kinder brauchen Aufgaben mit einer angemessenen Schwierigkeit, damit ihr Lernen nicht behindert und ihre Lernbereitschaft erhalten wird. Wenn man an Carla, Anja, Marco und Sandra denkt, sind spezifische Lernhilfen in einem Lehrgang, der im Frontalunterricht vermittelt wird, nur begrenzt möglich: Björn könnte aus Übungen zur Entfaltung der Schreibmotorik, die im November und den folgenden Monaten Bestandteil des Schreiblehrgangs sind, profitieren; Nadine eher in orthografischer Hinsicht, sofern der Schreiblehrgang Wörter anbietet, die dialektbedingte Schwierigkeiten enthalten.

Aber auf diese Weise kann der Unterricht nicht dem zentralen Lernbedürfnis der beiden Kinder gerecht werden. Dazu sehe ich folgende Möglichkeiten:

1. Spezifische Lernhilfen durch spezifische Aufgabenstellungen: Beide Kinder können, etwa im Sach- oder im Religionsunterricht, zusätzliche Informationen einbringen, die sie aus der Lektüre gewonnen haben. Wichtig für das soziale Gefüge der Klasse ist, dass dies nicht nur fortgeschrittene Leseanfänger tun, sondern immer wieder auch Kinder wie Carla und Marco. – Unter diesem Gesichtspunkt ist es problematisch, Kinder wie Nadine und Björn als Helfer für langsame Schüler zu bestellen, wie es häufig im Schulalltag praktiziert wird.

2. Spezifische Lernhilfen durch offene Aufgabenstellungen: Gemeinsam vorbereitete Anlässe und Themen zum freien Schreiben (s. „Post für den Tiger", Band I, S. 106; „Eichhörnchen", Band I, S. 100 ff.) können die Schüler auf sehr unterschiedlichen Niveaus bearbeiten und dabei jeweils im Zutrauen in die eigenen Fähigkeiten bestärkt werden. Außerdem eröffnen Zeiten „freier Arbeit" die Möglichkeit, sich z. B. in der Leseecke zu vertiefen. Dort sollten Bücher unterschiedlichen Schwierigkeitsgrades und für verschiedene inhaltliche Leseinteressen bereitstehen. – Solche Lernangebote ziehe ich einer bereits in der Aufgabenstellung leistungsspezifischen Differenzierung vor, die in ihrem hohen organisatorischen Aufwand Lehrer und Schüler leicht überfordert und zudem auch zur Diskriminierung der Kinder beitragen kann, die noch Schwierigkeiten bei der grundlegenden Orientierung haben.

10 Lernhilfen und Unterricht

Lehrerhilfen bei Leseschwierigkeiten

Welche Hilfestellungen sind effektiv, wenn das Kind ein Wort nicht lesen kann oder es falsch liest? Dieser Fragestellung sind wir in einer Untersuchung von Lesesituationen in der Grundschule nachgegangen (vgl. DEHN 1999). Wir hatten anfangs dabei die Vorstellung, dass wir spezifische Hilfestellungen herausfinden könnten in dem Sinn: Wenn ein Kind einen Buchstaben nicht weiß, dann hilft ihm ... Wenn es die Synthese nicht bewältigt, dann ... Wenn es nicht zielorientiert die Zugriffsweisen integrieren kann ... Diese Vorstellung erwies sich als falsch – mit der Ausnahme, dass Silben als Vorgabe (fast) immer von den Kindern in den Prozess des Erlesens aufgenommen werden können.

Studie zu Leseschwierigkeiten in 14 Klassen

Wir haben 56 Unterrichtsstunden mit Video aufgenommen und daraus die Szenen analysiert, in denen ein Kind ein Wort nicht lesen kann oder es falsch liest. Wir haben die Szenen daraufhin bewertet,
- ob die Lehrerhilfe einen Lerntransfer ermöglicht, sodass das Kind das angebotene Verfahren auch anwenden kann, wenn es ohne Hilfe liest,
- ob die Lehrerhilfe das Zutrauen in die eigenen Fähigkeiten befördert oder zumindest nicht beeinträchtigt.

Gefunden haben wir, dass nur wenige Szenen (28 von 140) den beiden für den Leselernprozess wichtigen Kriterien genügen. Wir bezeichnen sie als Optimalszenen. Im Klassenunterricht kommen bedeutend mehr dieser Optimalszenen als im Förderunterricht vor: Bemerkenswert ist, dass sich in diesen Lesesituationen die Aufgabenstellung häufig auf Projekte bezieht, an denen alle teilhaben, die inhaltlich anspruchsvoll in Bezug auf das Ziel des Lesens sind und komplex in Bezug auf die Zugriffsweisen beim Erlesen und/oder sozial bedeutsam als Teilhabe an der Gruppe. In diesen Situationen

Szenen insgesamt: 140 aus 56 Stunden Klassen- und Förderunterricht: 14 Lehrerinnen
43 Szenen Klassenunterricht Klasse 1 (UK 1)
40 Szenen Förderunterricht Klasse 1 (FK 1)
20 Szenen Förderunterricht Klasse 2 (FK 2)
37 Szenen Förderunterricht Klasse 3 (FK 3)
Optimalszenen (Lerntransfer/heuristische Kompetenz): insgesamt 28 Szenen

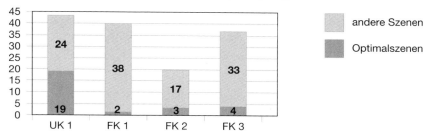

*Lehrerhilfen bei Leseschwierigkeiten – Optimalszenen:
Klassen- und Förderunterricht*

sind auch die Lehrerhilfen anders ausgerichtet: Weniger auf die Schwierigkeit fixiert, sondern mehr auf das Ziel (im Kontext) orientiert.

Im Förderunterricht findet häufig ein gemeinsames Erlesen eines Textes von Lehrenden und Lernenden statt. Das aber hat sich als problematisch erwiesen, weil die Lernenden kaum ausreichend Spielraum haben für die Erprobung ihrer Zugriffsweisen und weil sie jederzeit Hilfen erwarten können, ohne spezifisch nachzufragen. Lesen als Problemlösen (s. Band I) wird dadurch gerade nicht befördert: also die Teilschritte auf das Zielwort hin zu integrieren, das eigene Können angemessen einzuschätzen sowie Hilfestellungen zu erbitten und sie auch anzuwenden. Das Dilemma dieser Situation besteht darin, dass die Lernenden nicht gehalten sind, sich Fragen zu überlegen, mit denen sie ihr Problem beim Erlesen des Wortes bewältigen können (vgl. MÜLLER/RÖBBELEN 2004):
- Wie könnte das Wort heißen?
- Steht das da?
- Was habe ich erreicht?
- Was fehlt mir noch?
- Was will ich wissen?

Die Situation des gemeinsamen Erlesens im Förderunterricht bleibt in der Erfahrung der Kinder, die Schwierigkeiten beim Erlesen haben, „fraglos" und undifferenziert „schwer": Es steht ja eine Person bereit, die spielend alle Schwierigkeiten beherrscht.

Lernen vollzieht sich stets individuell. Daraus aber zu schließen, individualisierte Lehrhilfen, die ungefragt angeboten werden, seien besonders wirkungsvoll, ist unzutreffend. Stattdessen ist deutlich geworden, dass die Möglichkeit zur Verständigung zwischen Lernenden und Lehrenden und damit auch die Wirksamkeit der Lehrerhilfen in hohem Maße vom didaktisch-sozialen Kontext abhängt. Einmal mehr hat sich die Eigendynamik der Zugriffsweisen der Lernenden bestätigt. Schwierigkeiten und Fehler sind mit direkten Hilfestellungen nur schwer zu beheben.

Fazit

Auch Anfänger, die große Schwierigkeiten beim Schrifterwerb haben, können nur selbst das Lesen lernen. – Wir können sie dabei unterstützen, wenn

- wir Leseaufgaben anbieten, die für sie bedeutsam und die die Anstrengungen wert sind (Einbettung in einen didaktisch-sozialen Kontext),
- wir uns kongruent zu den Anforderungen und Möglichkeiten der didaktischen Situation verhalten, also nicht z.B. als Mitspieler bei einem Lesespiel doch wieder in die Lehrerrolle wechseln,
- wir Gelegenheit zu Erkundungen lassen und solche auch schaffen,
- wir uns auf Hinweise konzentrieren, die die Makrostruktur des Wortes oder die Aktivität des Kindes betreffen: *Wie könnte das Wort heißen? – Versuch es noch mal,*
- wir nicht immer auf vollständiger Richtigkeit bestehen (nicht alle Lesefehler sind gleichermaßen und gleichgewichtig falsch),
- wir uns zielorientiert verhalten und uns nicht auf die Schwierigkeit fixieren; das Wiederholen des falschen Buchstabens oder eines falschen Wortteils bekräftigt eher den Fehler als dass es zum richtigen Erlesen beiträgt; besser ist, den richtigen Buchstaben/Wortteil zu sagen,
- wir die für die Fehlerbearbeitung notwendigen Informationen direkt geben (ohne sie umständlich vom Lernenden erarbeiten lassen zu wollen),
- wir einerseits Schwierigkeiten reduzieren, indem wir ab und zu Vorgaben machen (Wiederholen von bereits Gelesenem, aber auch einfach mal das Wort vorlesen),
- wir andererseits durch häufige Aufgaben zum Stilllesen die Notwendigkeit der Anstrengung und zugleich die Erfahrung des Lernzuwachses erfahrbar machen (das ist eine Bedingung für lerneffektive isolierte Leseübungen),
- wir die Lernenden anhalten, selber nachzufragen, herauszufinden, was ihnen zum Erlesen fehlt.

Die Erwartung, es gäbe eine bestimmte effektive Lehrhilfe bei einer bestimmten Lernschwierigkeit, ist geprägt von einem Begriff von Lehren, der Lernprozesse unmittelbar als Folge von Lehrverfahren betrachtet. Er hat sich in langer Schultradition etabliert und bestimmt Unterricht immer noch. Derzeit wird durch differenzierte Tests – als Lese- oder Rechtschreibtest oder als Sprachstandstest – wieder der Kurzschluss nahe gelegt, man könne festgestellte Defizite einfach durch gezielte Instruktion beheben.

Schriftorientierung als Unterrichtsprinzip

Unsere Schrift besteht nicht wie die chinesische Bilderschrift aus Logogrammen, sie ist auch keine Silbenschrift wie das japanische Hiragana, sondern eine Lautschrift. Kinder, die *BAOM* oder *KENDAWAGN* schreiben oder beim Memory mit Schrift gedehnt sprechen, nutzen diesen lautlichen Zusammenhang als Zugriff auf Schrift. Wie aber kommt die türkische Erstklässlerin Nevra in Hamburg dazu, *AYN* statt *EIN* zu schreiben? Weshalb schreibt Laura ihren Namen *LARUA* und Malte die Aufschrift auf einem Karton von rechts nach links ab: erst *A*, dann *T, L, O, N, I, M*? Und warum schreiben Erstklässler *Sofer, Munnt* und *Liemonade*? Und warum meinen Schriftkundige, am Ende von *Berg* ein *g*, am Ende von *Gelb* ein *b* und am Ende von *Rad* ein *d* zu hören? Wie kommt es zu diesen „Fehlern"?

Der Gegenstand Schrift und das Lernen der Kinder

Die Beispiele zeigen, dass aus der Tatsache, dass unsere Schrift in gewisser Korrespondenz zur gesprochenen Sprache steht, nicht der Schluss gezogen werden kann, dass die Prozesse ihrer Aneignung auch stets über die Verschriftung der Artikulation verlaufen. Denn die Kinder selbst orientieren sich durchaus nicht nur an ihrer Sprechweise, sondern auch an der Schrift. Diese visuelle Orientierung strukturiert ihre Schreibungen: Das in türkischen Texten gesehene Sprech-Schreib-Muster *AY* prägt das Schreiben von Nevra, die bekannten morphemorientierten Wortendungen prägen die Wahrnehmung von Schriftkundigen: Sie „hören" die Verhärtung des Auslauts beim Sprechen nicht. Schrift strukturiert also die Wahrnehmung von Sprache: Wir meinen beim Sprechen zu „hören", was wir in Schrift gesehen haben. Diese Orientierung an Schrift führt zu spezifischen Fehlern, wie sie oben skizziert sind, und eröffnet einen anderen Weg zur Schrift:

Wenn Kinder vor der Schulzeit etwas abschreiben oder aufschreiben, was sie visuell erinnern *(LARUA)*, sind das die ersten Zugriffsweisen auf Schrift, die zur Bildung von Schreibschemata führen können: Muster von häufigen linearen Buchstabenfolgen. Was ihnen bei der Analyse von vorgegebenen Schreibweisen auffällt, erproben sie später bei ihren Schreibversuchen: *AYN, SOFER* ... Deutlich wird das insbesondere, wenn sie orthografische Elemente wie *-er*, *-nn* oder *-ie-* an „falschen" Stellen schreiben (*MUNNT, LIEMONADE*), also den Versuch machen, etwas, das ihnen aufgefallen ist, auf das Schreiben anderer Wörter zu übertragen. Gerade in diesen Übergeneralisierungen von orthografischen Elementen wird die konstruktive Kraft der Schriftorientierung deutlich. Befunde aus Untersuchungen belegen, dass Unterricht, der diese Schriftorientierung der Kinder stärkt, das Lernen in verschiedener Hinsicht befördert:

- „Klassen, die im Unterricht explizit Möglichkeiten der Schriftorientierung erhalten, schreiben deutlich mehr Wörter pro Text" (AUGST/DEHN 2002, S. 208).
- „Die Kinder, die optische Vorgaben erhalten, gehen damit produktiv um. (... Sie) experimentieren mit dem Beobachteten am neuen Fall – ein Prozess der Verallgemeinerung, der Abstraktion" (ebd.).
- „Mehrsprachige Kinder, die schriftorientierten Anfangsunterricht hatten, denen also von Anfang an die Auseinandersetzung mit der Schriftstruktur nahe gelegt wurde, schreiben am Ende von Klasse 1 deutlich seltener rudimentär" (HÜTTIS-GRAFF 1997, S. 50; dies. 2003; s. folgendes Diagramm).

Die Bedeutung von Schriftorientierung für mehrsprachige Kinder

Leistungsgruppen Ende Klasse 1:
- nahezu vollständige Schreibungen (28 bis 32 Grapheme richtig)
- mittlere Schreibungen (23 bis 27 Grapheme richtig)
- rudimentäre Schreibungen (maximal 22 von 32 Graphemen richtig)

Verteilung der Rechtschreibleistungen mehrsprachiger Kinder in schriftorientiertem und anderem Unterricht in der 3. Lernbeobachtung (Ende Klasse 1)

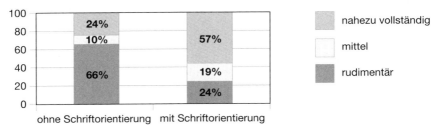

- „Auch langfristig lernen sie deutlich besser Rechtschreiben: Im DRT 2 und 3 liegen sie durchschnittlich über 30 Prozentränge besser als mehrsprachige Kinder, in deren Anfangsunterricht die Verschriftung der Artikulation favorisiert wurde" (ebd).
- 22 Kinder kommen im BLK-Modellversuch (BEHÖRDE FÜR SCHULE 1996) „ohne Buchstabenkenntnis" in die Schule (schreiben also in der SCHULANFANGSBEOBACHTUNG maximal einen Buchstaben nach Diktat), verfügen also am Schulanfang nicht über einen hilfreichen Begriff von Buchstabe (Buchstabe als Wort, als Form oder „Eigentum"). Von diesen schriftfernen Schulanfängern schreiben am Ende von Klasse 2 die 16 Kinder aus schriftorientiertem Anfangsunterricht deutlich besser als die 6 Kinder, denen diese Orientierung im Unterricht nicht nahe gelegt wurde (s. Tabelle).

Anfangsunterricht	Ende Klasse 2: Anzahl Kinder nach Rechtschreibleistung im DRT 2				
	PR 0-1	PR 2-5	PR 6-20	PR 21-50	PR 51-100
mit Schriftorientierung		4	1	5	6
ohne Schriftorientierung	1	3	2		

Schriftferne Schulanfänger: Auswirkung der Schriftorientierung auf Rechtschreibleistungen Ende Klasse 2

Die Befunde zeigen zum einen, dass einige Kinder eine fehlende Schrifterfahrung im Laufe der ersten zwei Schuljahre aufholen können. Dies gelingt jedoch nur jenen, die im Anfangsunterricht zur Auseinandersetzung mit Schriftmustern angeregt werden, deren Aufmerksamkeit damit erst einmal auf den Gegenstand gerichtet wird. Schriftorientierung im Anfangsunterricht ist also förderlich für das Schreibenlernen – gerade für schriftferne Schulanfänger und mehrsprachige Kinder. Letztere werden auf diese Weise offenbar in der Abgrenzung ihrer Sprachen und Schriften unterstützt: *Sprich, wie du schreibst.*

Ein Anfangsunterricht, der allein die Sprachanalyse befördert und mit einer Anlauttabelle die Orientierung an der gesprochenen Sprache favorisiert, würde nicht nur die Zugriffsweisen von Schulanfängern wie Nevra, Laura und Malte missachten, er verschenkte zugleich auch eine wichtige Orientierungsgrundlage beim Schriftspracherwerb. Denn offenbar gibt Unterricht, der Kinder zur Auseinandersetzung mit richtigen Schreibungen

anregt, ihrem Lernen damit eine Richtung an, in der ihr Probierverhalten förderlich für den Schrifterwerb ist. Dieses Probierverhalten ist in Klassen ohne Schriftorientierung deutlich schwächer ausgeprägt.
In Bezug auf den Wahrnehmungszyklus von NEISSER (s. S. 11) heißt dies, dass die Kinder – z. B. beim Lesen, Abschreiben und Üben mit einem Wortschatz – die Schrift im Blick auf bestimmte Erwartungen erkunden. Dabei fallen ihnen Muster auf, v. a. orthografische Elemente und häufige Buchstabenfolgen wie im Türkischen das *AY*. Das verändert ihr kognitives Schema von der Struktur der Schrift, sodass sie beim Schreiben das, was ihnen aufgefallen ist, erproben. Die Erfahrungen mit diesen Versuchen (z. B. bei Korrekturen) und auch mit weiteren Schriftvorgaben führen zur Differenzierung ihres kognitiven Schemas von Schrift und letztlich zur Annäherung der individuellen Schreibungen an die Norm. Diese Prozesse laufen häufig implizit ab, d. h. die dabei entwickelten Eigenregeln sind nicht immer identisch mit den kodifizierten Normen der Rechtschreibung: Wir können vieles richtig schreiben, ohne dafür die orthografische Regel benennen zu können.

Grundpfeiler schriftorientierten Unterrichts

Wie aber kann Unterricht die Lernprozesse der Schüler von Anfang an auf den Gegenstand Schrift ausrichten, auch die impliziten?

- **Unterricht gibt richtige Schreibweisen vor:** Mit optischen Vorgaben erhalten Kinder Sicherheit und eine Orientierungsgrundlage für die Entwicklung ihres kognitiven Schemas von Schrift – unabhängig von den direkten Hilfen der Lehrkraft. Beispiele sind:
  - Klappbücher mit Satzteilen, Hosentaschenlesehefte mit Texten der Kinder, die der Lehrer abgeschrieben hat (s. Band I, S. 89),
  - Texte, die Schüler dem Lehrer diktieren (s. Band I, S. 100 ff.; Band II, S. 61 f.),
  - „Sprungbretter" zum Schreiben erster Texte: zwei, drei für alle wichtige Wörter (z. B. Bezeichnung der Hauptfiguren), ein obligatorischer Satzanfang (z. B. Ich mag ..., s. Band I, S. 112 f.).
- **Unterricht stößt mit Schrift das Erkundungsverhalten der Kinder an:** Damit Kinder ihre kognitiven Schemata differenzieren, erhalten sie strukturierte Vorgaben, die ihren Erwartungen widersprechen, und Verfahren, die das Formulieren von Hypothesen stärken, wie z. B.
  - Fragebögen zum Wörterbuch, die einen inhaltlichen Bezug zur Schrift schaffen oder die Aufmerksamkeit auf orthografische Merkmale lenken (s. Kopiervorlagen Band I, S. 168 ff.),

- „Vermutungszettel" als ritualisierte Lehrhilfe beim Textschreiben: bevor Kinder nach der richtigen Schreibweise fragen, halten sie auf einem kleinen Zettel ihre Vermutung fest,
- Aufgaben zum Wortschatz: Sortieraufgaben, Unterstreichen der kritischen Stelle, Segmentieren in Silben und Wieder-Zusammenfügen usw. (Band I, S. 108, 112 f.),
- Wortlesehefte mit der Abbildung zum Wort auf der umgeblätterten Seite (s. HÜTTIS-GRAFF 2005).

- **Unterricht schafft Gelegenheiten zum gemeinsamen Nachdenken über Schrift:** Die Entwicklung und der Austausch von Eigenregeln wird angeregt:
  - Kinder unterscheiden Merk- und Denkwörter: Die Schreibung merke ich mir oder die kann ich durch Nachdenken herauskriegen.
  - Nachdenken über den „harten Brocken des Tages": ein schwieriges Wort wird richtig angeschrieben, die Fallen und Tricks werden erörtert.
  - Soziale Lernsituationen, die Austausch nahe legen, z. B. Spiele wie Memorys mit Schrift, Wer bekommt das Bild? (s. Kopiervorlagen im Anhang).

Schriftorientierung meint also keinesfalls die explizite Regelvermittlung, sondern die Vorgabe des komplexen Gegenstands Schrift selbst als Orientierungsgrundlage und Anspruch zugleich – ohne den Ausdruckswunsch der Kinder einzuschränken oder Fehler zu sanktionieren.

Literatur

AUGST, G./DEHN, M.: Rechtschreibung und Rechtschreibunterricht. Können – Lehren – Lernen. Stuttgart 2002.
BALTSCHEIT, M.: Die Geschichte vom Löwen, der nicht schreiben konnte. Zürich 2002.
BAUER, J.: Die Königin der Farben. Stuttgart 2002, mit Hör-CD.
BAUMERT, J. u. a. (Hrsg.): PISA 2000. Basiskompetenzen von Schülerinnen und Schülern im internationalen Vergleich. Opladen 2001
BEHÖRDE FÜR SCHULE, JUGEND UND BERUFSBILDUNG IN HAMBURG (Hrsg.): Elementare Schriftkultur als Prävention von Lese-Rechtschreibschwierigkeiten und Analphabetismus bei Grundschulkindern. Abschlussbericht des BLK-Modellversuchs. Hamburg 1996.
BOS, W. u. a. (Hrsg.): Erste Ergebnisse aus IGLU. Schülerleistungen am Ende der vierten Jahrgangsstufe im internationalen Vergleich. Münster 2003.
BOSCH, B.: Grundlagen des Erstleseunterrichts (1937), Neudruck Frankfurt a. M. 1984 (Arbeitskreis Grundschule).
BREUER, H./WEUFFEN, M.: Lernschwierigkeiten am Schulanfang. Lautsprachliche Voraussetzungen und Schulerfolg (DP 0, I und II), Weinheim (1975) 2004, 17. Auflage.
BRINKMANN, E./BRÜGELMANN, H.: Ideen-Kiste Schriftsprache. Didaktische Einführung „Offenheit mit Sicherheit". Hamburg 1993.
BRINKMANN, E./BRÜGELMANN, H.: Beobachtungshilfen für den Anfangsunterricht im Lesen und Schreiben. In: I. NAEGELE/R. VALTIN (Hrsg.) 2003, S. 80–89.
BRÜGELMANN, H.: Lesen- und Schreibenlernen als Denkentwicklung. In: Zeitschrift für Pädagogik 30/1984, S. 69 ff.
BRÜGELMANN, H.: Lese- und Schreibaufgaben für Schulanfänger. Beobachtungs- und Deutungshilfen zur Denkentwicklung beim Schriftspracherwerb. Projekt: Kinder auf dem Weg zur Schrift, Bericht Nr. 33 f. Kurzfassung Hamburg 1989.
BRÜGELMANN, H. (2005a): Was ist „normal" beim Schreibenlernen? In: M. DEHN/ P. HÜTTIS-GRAFF (Hrsg.) 2005, S. 142–150.
BRÜGELMANN, H. (2005b): Karawanen-Effekt und die Diskussion über Mindeststandards. In: M. DEHN/P. HÜTTIS-GRAFF (Hrsg.) 2005, S. 223–231.
DEHN, M.: Strategien beim Erwerb der Schriftsprache. In: Grundschule 10/1978, S. 308 ff.
DEHN, M.: Lernschwierigkeiten beim Schriftspracherwerb. Kriterien zur Analyse des Leselernprozesses und zur Differenzierung von Lernschwierigkeiten. In: Zeitschrift für Pädagogik 30/1984, S. 93 ff.
DEHN, M.: Schlüsselszenen zum Schrifterwerb. Arbeitsbuch zum Lese- und Schreibunterricht in der Grundschule. Weinheim 1994.
DEHN, M.: Lehrerhilfen bei Leseschwierigkeiten. In: C. CRÄMER/I. FÜSSENICH/G. SCHUMANN (Hrsg.): Lesekompetenz erwerben und fördern. Braunschweig 1998, S. 45–70.
DEHN, M.: Lesenlernen – Lesenlehren. In: B. FRANZMANN u. a. (Hrsg.): Handbuch Lesen. München 1999, S. 570–584.

DEHN, M./HÜTTIS-GRAFF, P.: Wie Kinder Schriftsprache erlernen – Ergebnisse aus Langzeitstudien. In: R. VALTIN (Hrsg.) 2000, S. 23–32.
DEHN, M./HÜTTIS-GRAFF, P.: Elementare Schriftkultur. Was können wir von Schulanfängern erwarten? In: Grundschule 5/2002, S. 20–23.
DEHN, M./HÜTTIS-GRAFF, P. (Hrsg.): Kompetenz und Leistung im Deutschunterricht. Spielraum für Muster des Lernens und Lehrens. Ein Studienbuch. Freiburg 2005.
FORSTER, M./MARTSCHINKE, S./FRANK, A.: Diagnose und Förderung im Schriftspracherwerb. Band 1. Der Rundgang durch Hörhausen. Erhebungsverfahren zur phonologischen Bewusstheit. Donauwörth 1998.
FORSTER, M./MARTSCHINKE, S.: Diagnose und Förderung im Schriftspracherwerb. Band 2. Leichter lesen und schreiben lernen mit der Hexe Susi. Donauwörth 2002.
FÜSSENICH, I./LÖFFLER, C.: Schriftspracherwerb. Einschulung, erstes und zweites Schuljahr. Mit Materialheft. München 2005.
HIRSCHFELD/LASSEK: Mit der Hexe Mirola durch den Zauberwald. Bremen 2004.
HÜTTIS, P.: Tobi macht Fehler. Was nun? In: Grundschule 17 Heft 10/1984, S. 24 f.
HÜTTIS, P.: Umgang mit Fehlern. Kognitive Prozesse von Leselernern. Dissertation. Hamburg 1988.
HÜTTIS-GRAFF, P.: Wer bekommt das Bild? Material zum Lesenüben. In: Die Grundschulzeitschrift 57/1992, S. 60, 74, 75; 59/1992, S. 62–64.
HÜTTIS-GRAFF, P.: Schriftorientierung im Unterricht. Rechtschreiblernen unter den Bedingungen von Mehrsprachigkeit. In: Die Grundschulzeitschrift 107/1997, S. 48–53.
HÜTTIS-GRAFF, P.: „Sprich wie du schreibst!" Einige Grundsätze für den Unterricht mit ausländischen SchülerInnen. In: I. NAEGELE/R. VALTIN (Hrsg.) 2003 (6. Auflage), S. 105–113.
HÜTTIS-GRAFF, P.: Das A vom Nabel ist auch in meinem Namen! Lesen können vor dem Leselehrgang. In: Praxis Deutsch 194/2005, S. 16–20, m. Material i. Beihefter.
HÜTTIS-GRAFF, P.: Beobachtungsinstrumente für den Schulanfang auswählen. In: Die Grundschulzeitschrift 215/216 2008, S. 72–77.
INGENKAMP, K.: Beurteilungsfehler minimieren! Lernerfolgsmessung durch Schultests. In: Pädagogik 3/1995, S. 25–30
JANSEN, H./MANNHAUPT, G./MARX, H./SKOWRONEK, H.: Bielefelder Screening zur Früherkennung von Lese-Rechtschreibschwierigkeiten (BISC). (Vorschule) Göttingen (1999) 2002 (2. Auflage).
JANTZEN, CH.: Implizites Lernen: Inhaltliche und strukturelle Deutungen beim Überarbeiten eigener Texte. In: M. DEHN/P. HÜTTIS-GRAFF (Hrsg.) 2005, S. 93–104.
JOCHUM-MANN, B./SCHWENKE, J.: Lese-Rechtschreib-Schwierigkeiten … und was man dagegen tun kann. Lisum: Berlin 2002.
KÖLLER, O.: Was macht eine gute Schule besser, Herr Köller? Kriterien für eine Beurteilung der Schulqualität. Vortrag auf der Didakta Stuttgart 2005.
KRETSCHMANN, R. u. a.: Prozessdiagnose der Schriftsprachkompetenz in den Schuljahren 1 und 2. Horneburg 1999.
KRUSE, N.: Kinder fördern und verstehen. Überlegungen zu Lernprozessen am Beginn von Schriftlichkeit in der Schule. In: Osnabrücker Beiträge zur Sprachtheorie. In: OBST 51/1995, S. 61–84.
MARTSCHINKE, S./KIRSCHHOCK, E./FRANK, A.: Diagnose und Förderung im Schriftspracherwerb. Der Rundgang durch Hörhausen. Band 1. Erhebungsverfahren zur phonologischen Bewusstheit. Donauwörth 2001.

May, P.: Lesenlernen als Problemlösen. In: H. Balhorn/H. Brügelmann (Hrsg.): Welten der Schrift in der Erfahrung der Kinder. Konstanz 1987, S. 92–102.

May, P.: Schriftaneignung als Problemlösen. Analyse des Lesen(lernen)s mit Kategorien der Theorie des Problemlösens. Frankfurt a. M. 1986.

Müller, A./Röbbelen, I.: Verstehenshorizonte nutzen. In: Praxis Deutsch 187/2004, S. 32–25.

Nägele, I./Valtin, R. (Hrsg.): LRS – Legasthenie – in den Klassen 1–10. Handbuch der Lese-Rechtschreibschwierigkeiten. Weinheim. 6. Aufl. 2003.

Neisser, U.: Kognition und Wirklichkeit. Stuttgart 1979.

Osburg, C.: Heterogenität und die Folgen für be-hinderte Kinder. Kooperatives Handeln als Ausdruck des Erkennens. In: M. Dehn/P. Hüttis-Graff (Hrsg.) 2005, S. 173–190.

Prengel A. u.a.: ILeA 1. Individuelle Lernstandsanalysen 1. Ein Leitfaden für die ersten sechs Schulwochen und darüber hinaus. LISUM Brandenburg. Potsdam und Ludwigsfelde 2006.

Ranschburg, P.: Über Hemmung gleichzeitiger Reizwirkungen. In: Zeitschrift für Psychologie und Physiologie der Sinnesorgane 30/1902, S. 39–86.

Richter, D./Brügelmann, H.: Der Schulanfang ist keine Stunde Null. In: dies. (Hrsg.): Wie wir recht schreiben lernen. Lengwil 1994, S. 62–77.

Röbe, E.: Lernbaustelle Diktat. Entwicklungsprojekt: Bereitschaft und Fähigkeit zu fehlerarmem Schreiben. In: Die Grundschulzeitschrift 180/2004, S. 6–8.

Ruf, U./Gallin, P.: Dialogisches Lernen in Sprache und Mathematik. Band 1: Austausch unter Ungleichen. Grundzüge einer interaktiven und fächerübergreifenden Didaktik. Seelze 2003.

Scheerer-neumann, G./Kretschmann, R./Brügelmann, H.: Andrea, Ben und Jana: Selbstgewählte Wege zum Lesen und Schreiben. In: H. Brügelmann (Hrsg.): ABC und Schriftsprache. Konstanz 1986, S. 55–96.

Schründer-Lenzen, A.: Schriftspracherwerb und Unterricht. Bausteine professionellen Handlungswissens. Opladen 2004.

Ulich, M. u.a.: SISMIK. Sprachverhalten und Interesse an Sprache bei Migrantenkindern in Kindertageseinrichtungen. (Beobachtungsbogen und Begleitheft) Freiburg 2003.

Ulich, M. u.a.: SELDAK. Sprachentwicklung und Literacy bei deutschsprachig aufwachsenden Kindern (Beobachtungsbogen und Begleitheft). Freiburg 2006.

Valtin, R. (Hrsg.): Rechtschreiben lernen in den Klassen 1–6. Grundlagen und didaktische Hilfen. Arbeitskreis Grundschule e.V. Frankfurt a. M. 2000.

Wolf-Weber, I./Dehn, M.: Geschichten vom Schulanfang. „Die Regensonne" und andere Berichte. Weinheim 1993.

Wygotski, L. S.: Denken und Sprechen. Frankfurt a. M. 1974 (1934).

Anhang

Inhalt

Material für die Beobachtungsaufgaben (Kopiervorlagen für DIN A4)
SCHULANFANGSBEOBACHTUNG
  Memory mit Schrift

LERNBEOBACHTUNG
  Schreiben November bis Mai
  Schreiben Ersatzwörter
  Lesen – November
  Lesen – Januar
  Lesen – Mai
  Lesen – Mai (erweiterte Fassung)

Auswertungsbögen (Kopiervorlagen für DIN A4)
SCHULANFANGSBEOBACHTUNG
  Beobachtungsbogen: Das Leere Blatt
  Beobachtungsbogen: Memory mit Schrift
  Beobachtungsbogen: Buchstabenkenntnis und Reimen
  Klassenliste

LERNBEOBACHTUNG
  Schreiben: Auswertung Zugriffsweisen der Kinder
  Klassenliste für November bis Mai Schreiben
  Lesen: Wege zum richtigen Erlesen eines Wortes
  Lesen: Auswertung November
  Lesen: Auswertung Januar
  Lesen: Auswertung Mai

Lernspiel (Kopiervorlagen für DIN A4)
Wer bekommt das Bild?

Übersichten
Beobachtungs-, Diagnoseverfahren und standardisierte Tests
Lernbeobachtungen und Lernhilfen im Überblick

Bitte beschriften Sie nach dem Vergrößern auf DIN A4 eine Fassung auf der Rückseite, eine Fassung bleibt unbeschriftet:

KATZE   BUCH   SCHMETTERLING   WAL   KUH
FROSCH   AUTO   KROKODIL   BUS   ROSE

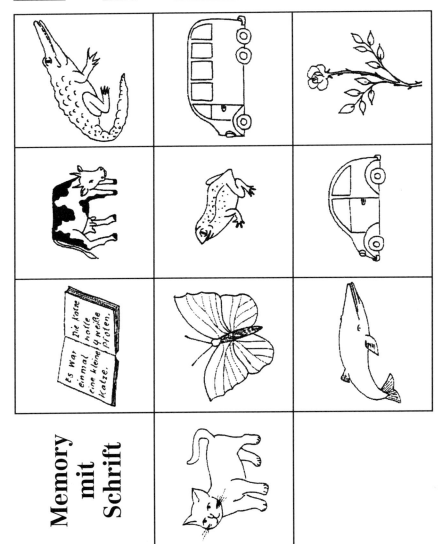

Schreib mal ...

Name
_____

_____

_____

_____

_____

_____

_____

LERNBEOBACHTUNG Schreiben: Ersatzwörter

für Sofa:
Mofa
Rose

für Mund:
Hund

für Limonade:
Badehose

---

für Turm:
Wurm

für Reiter:
Leiter

für Kinderwagen:
Leiterwagen
Winterabend

Lies mal …

Uta malt ein rosa Rad.

Lies mal ...

Olaf hat ein altes Auto.

Der Motor ist zu laut.

Lies mal ...

Susi will zu den Küken am See.

Sie nimmt Futter mit.

Lies mal ...

Susi will zu den Küken am See.

Sie nimmt Futter mit.

Die eine Ente hat schon kleine Küken.

Die andere Ente brütet noch die Eier aus.

Kopiervorlage

SCHULANFANGSBEOBACHTUNG – Das Leere Blatt
Beobachtungsbogen für ein Kinderpaar — für DIN A4

Datum:

Name des Kindes:	Name des Kindes:
1. Inwiefern **macht** das **Schreiben** für das Kind **Sinn**? a. schreibt spontan von sich aus b. schreibt nach einer Zeit des Beobachtens c. schreibt nach besonderer Ansprache des Lehrers oder des Partners d. verbindet Malen und Schreiben e. malt ausschließlich f.	1. Inwiefern **macht** das **Schreiben** für das Kind **Sinn**? a. schreibt spontan von sich aus b. schreibt nach einer Zeit des Beobachtens c. schreibt nach besonderer Ansprache des Lehrers oder des Partners d. verbindet Malen und Schreiben e. malt ausschließlich f.
2. **Was** schreibt das Kind? a. seinen Namen b. andere Namen c. Wörter d. Satz/Sätze e. Abkürzungen (USA – VW …) f. einzelne Buchstaben g. Zahlen h. andere Zeichen i. Linien wie Schreibschrift j.	2. **Was** schreibt das Kind? a. seinen Namen b. andere Namen c. Wörter d. Satz/Sätze e. Abkürzungen (USA – VW …) f. einzelne Buchstaben g. Zahlen h. andere Zeichen i. Linien wie Schreibschrift j.
3. Inwiefern greift es auf **Schriftmuster** zurück? a. schreibt aus dem Kopf b. schreibt vom Partner ab c. schreibt von Vorlagen aus dem Raum ab d.	3. Inwiefern greift es auf **Schriftmuster** zurück? a. schreibt aus dem Kopf b. schreibt vom Partner ab c. schreibt von Vorlagen aus dem Raum ab d.
4. Inwiefern orientiert es sich (**lautierend**) an der Sprache? a. schreibt rudimentär b. schreibt vollständiger c.	4. Inwiefern orientiert es sich (**lautierend**) an der Sprache? a. schreibt rudimentär b. schreibt vollständiger c.
5. Welches **Lernverhalten** zeigt es? a. schreibt alleine für sich b. schreibt mit dem Partner zusammen c. spricht darüber, was es schreibt d. spricht darüber, wie man schreibt e. ahmt den Partner nach f. lässt sich Geschriebenes vorlesen g.	5. Welches **Lernverhalten** zeigt es? a. schreibt alleine für sich b. schreibt mit dem Partner zusammen c. spricht darüber, was es schreibt d. spricht darüber, wie man schreibt e. ahmt den Partner nach f. lässt sich Geschriebenes vorlesen g.
6. **Gesamteindruck**/Besonderheiten:	6. **Gesamteindruck**/Besonderheiten:

SCHULANFANGSBEOBACHTUNG – Memory mit Schrift
Beobachtungsbogen für ein Kinderpaar für DIN A4

Datum:

Name des Kindes:	Name des Kindes:
1. Inwiefern **macht die Schrift Sinn** für das Kind? a. nutzt die Schrift spontan von sich aus b. nutzt die Schrift erst nach einiger Zeit c. beachtet Schrift mechanisch d. beachtet die Beschriftung gar nicht e.	1. Inwiefern **macht die Schrift Sinn** für das Kind? a. nutzt die Schrift spontan von sich aus b. nutzt die Schrift erst nach einiger Zeit c. beachtet Schrift mechanisch d. beachtet die Beschriftung gar nicht e.
2. Inwiefern **nutzt** es die **Schrift**? a. sucht das passende Wort (Wo steht ...?) b. bezieht Laut und Buchstabe aufeinander (lautiert) c. liest die Wörter d.	2. Inwiefern **nutzt** es die **Schrift**? a. sucht das passende Wort (Wo steht ...?) b. bezieht Laut und Buchstabe aufeinander (lautiert) c. liest die Wörter d.
3. Welche **Fähigkeiten/Kenntnisse** zeigt es noch? a. kennt Buchstaben b. beachtet die Wortlänge c. isoliert Silben, klatscht d. isoliert einen Laut e. isoliert mehrere Laute f. merkt sich Wörter oder einzelne Buchstaben g.	3. Welche **Fähigkeiten/Kenntnisse** zeigt es noch? a. kennt Buchstaben b. beachtet die Wortlänge c. isoliert Silben, klatscht d. isoliert einen Laut e. isoliert mehrere Laute f. merkt sich Wörter oder einzelne Buchstaben g.
4. Welches **Lernverhalten** zeigt das Kind in Bezug auf den Partner? a. spielt alleine für sich b. hilft dem Partner c. fragt um Hilfe d. ahmt den Partner nach e.	4. Welches **Lernverhalten** zeigt das Kind in Bezug auf den Partner? a. spielt alleine für sich b. hilft dem Partner c. fragt um Hilfe d. ahmt den Partner nach e.
5. Welches **Problemlöseverhalten** zeigt das Kind? a. setzt sich mit Problemen/ Unstimmigkeiten auseinander b. äußert Erwartungen, wo das Wort zu finden sein könnte c. reagiert auf Erfolg und Misserfolg d.	5. Welches **Problemlöseverhalten** zeigt das Kind? a. setzt sich mit Problemen/ Unstimmigkeiten auseinander b. äußert Erwartungen, wo das Wort zu finden sein könnte c. reagiert auf Erfolg und Misserfolg d.
6. **Gesamteindruck**/Besonderheiten:	6. **Gesamteindruck**/Besonderheiten:

SCHULANFANGSBEOBACHTUNG – Buchstabenkenntnis und Reimen
Beobachtungsbogen für DIN A4

Name des Kindes: _____ Datum: _____

1. Buchstabenkenntnis
Wie viele Buchstaben schreibt das Kind richtig? _____ Buchstaben

Wenn ein Kind nur wenige (unter 5) Buchstaben schreiben kann, notieren Sie sich, welches Zeichen es (ggf. nach welchem Diktat) geschrieben hat:

Welchen Buchstaben-Begriff zeigt das Kind?
- ❏ Buchstabe als Laut
- ❏ Buchstabennamen
- ❏ Buchstabe als Silbe
- ❏ Buchstabe als Wort, als Form oder als „Eigentum"

2. Reimen
Notieren Sie sogleich die Ergänzung des Kindes und kreuzen Sie dann an, ob die Orientierung an der Sprachstruktur (Reim und Rythmus, s. S. 60) gelungen ist (Reimen gelingt) oder nicht.

Reime	gelingt	gelingt nicht
Ene mene muppe ich wünsche mir ne …		
Schnari schniri schnase du bist gleich …		
Morgens früh um sechs kommt die kleine …		
Ong drong dreoka lämbo lämbo …		
Schnibbeldi schnabbeldi schnause ich will gleich …		

SCHULANFANGSBEOBACHTUNG – Klassenliste

für DIN A4

Name	Leeres Blatt 0 = keine Schrift 1 = Schriftmuster 2 = Lautieren	Memory nutzt Schrift 0 = nicht 1 = Merken 2 = Lautieren	Buchstabenkenntnis Anzahl richtig geschriebener Buchstaben	Buchstaben- begriff: – Laut – Name – Silbe – Wort, Form, „Eigentum"	Reimen Anzahl gelingender Reime

© Cornelsen Verlag Scriptor, Zeit für die Schrift II

Kopiervorlage

LERNBEOBACHTUNG Schreiben – Zugriffsweise der Kinder

− verweigert	0 diffus	1 rudimentär	2 besser a) an der Artikulation orientiert	2 besser b) phonematisch-alphabetisch	2 besser c) Umgang mit orthografischen Elementen (falsch verallgemeinernd)	orthografisch richtig
	LF So[O	OA S SO	sofHA sofar (?)	OFA SOF SOA Sofa	Sofer Sova	Sofa
	MoAiam	M m MD Mt	Mot Mont Mond	Mut Munt	Mud Munnd Munnt Muntt	Mund
	tA	Lolla LMo lmn LMon	Leonae Lemonad Lemonade Limunade	Limnade Limone Liond Limonade	Liemonade	Limonade
	OL tokol	T OM	Tor Toam Torm	Trm Turm		Turm
	l lal	r RA Rta	Reitar Rata Rater RaitHer Raeter	Rter Reitr Reiter	Reitter	Reiter
	Saota AflR	Knwd Kmwg KeN Knrfak	Kenderwagen Kndawgen KnrFakn Kindarwagen	Kinderwagen	Kienderwagen Kinnderwagen	Kinderwagen
			Mischungen aus a), b), c)			
			Mod TuAM toarm		Kienderwargen	

LERNBEOBACHTUNG Schreiben – Klassenliste für November bis Mai

für DIN A4

Name	November			Januar			Mai		
	richtige Buchstaben	Zugriffsweise	Auffälligkeiten	richtige Buchstaben	Zugriffsweise	Auffälligkeiten	richtige Buchstaben	Zugriffsweise	Auffälligkeiten

© Cornelsen Verlag Scriptor, Zeit für die Schrift II

Kopiervorlage 137

LERNBEOBACHTUNG Lesen – Wege zum richtigen Erlesen eines Wortes (ohne Hilfe des Lehrers)

	LERNBEOBACHTUNG November r o s a	LERNBEOBACHTUNG Januar M o t o r	LERNBEOBACHTUNG Mai F u t t e r
(1) Vom einzelnen Buchstaben aus ...	.1 r-o, r-o, s-a, sa'a, r, rosa .2 r, ro, ros, ro, a, rosa .3 r, ro-s, a, rosa .4 das 'n r-, das 'n u (L korrigiert o), o-, das 'n s und das 'n a, sa-, rosa: .5 r-o heißt ro, rosa .6 r-o-s-a, rosa .7 r, rosa	.1 M-o-t-o, Motor:	.1 (F-u-t-t), Futter .2 F-u, Funte-, Futter .3 F, Fu-'t'te-r, Futter .4 F, Fu-'ter, Futter
(2) Vom Wortteil (meist K-V-Gruppe) aus ...	.1 ro, rosa .2 (sa), rosa .3 ro, rosanes, ro, ro'sa	.1 mo-, mot'to-r, Motor .2 ma-, Mo-'tor, Motor .3 to, der Motor .4 (Mot), Motor .5 M:o:t, Motor .6 Mo-t-orch ... Mo:tor .7 Mo:t-ort, Mot, Mo, Mot'tor, also Motor	.1 Fu-, Fut'ter, Futter .2 F:u-, Futter .3 Füt, Futte-r .4 Fu-n, Fu-'te-r, Futter .5 Fu-n, (Fu-)ter
(3) Vom Wort als ganzem ausgehen	.1 ro:s:a .2 ro'sa .3 r:a-d, r:o-':s:a, rosa	.1 Mo'tor .2 Matar-, Motor .3 Mari-, Mo-'tor	.1 Fu:t'ter, Futter .2 Fut'tert, Futter .3 Vogelfutter, F, Fu:t'te:r, Futter

© Cornelsen Verlag Scriptor, Zeit für die Schrift II

LERNBEOBACHTUNG Lesen – Auswertung November

für DIN A4

Name: Datum:

	Uta (Lehrgangswort)	rosa	Rad
Anzahl			
richtig: Buchstaben			
Wortteile			
Wort			
Zugriffsweise			
1 Buchstaben nennen (Buchstabe-Laut-Beziehung) Vom einzelnen Buchstaben ausgehen			
2 Teilschritte zum Erlesen Vom Wortteil ausgehen • Synthese			
• Strukturierung des Wortes			
Vom Wort als ganzem ausgehen • Bekanntes u. Neues unterscheiden			
3 Teilschritte integrieren – zielorientiert • Behalten des bereits Gelesenen			
• Sinnerwartung als Steuerung (oder „Notfallreaktion"?) • Kontrolle der Sinnerwartung (oder „Notfallreaktion"?) • Sinnentnahme • Orientierung: Vor- und Rückgriff • Bezug zur eigenen Lebenswelt/Sprache herstellen			
4 Einschätzen des eigenen Könnens • Hilfen erbitten, Fragen stellen			
• Hilfen annehmen und integrieren			
5 Tempo der Aufgabenlösung/Ausdauer			
6 Interesse am Inhalt			

© Cornelsen Verlag Scriptor, Zeit für die Schrift II

Kopiervorlage 139

LERNBEOBACHTUNG Lesen – Auswertung Januar

Name: _____ Datum: _____

Anzahl		Olaf	Auto	hat	altes	Motor	zu laut
richtig:	Buchstaben						
	Wortteile						
	Wort						
Zugriffsweise							
1 Buchstaben nennen (Buchstabe-Laut-Beziehung)							
Vom einzelnen Buchstaben ausgehen							
2 Teilschritte zum Erlesen							
Vom Wortteil ausgehen							
• Synthese							
• Strukturierung des Wortes							
Vom Wort als ganzem ausgehen							
• Bekanntes u. Neues unterscheiden							
3 Teilschritte integrieren – zielorientiert							
• Behalten des bereits Gelesenen							
• Sinnerwartung als Steuerung (oder „Notfallreaktion"?)							
• Kontrolle der Sinnerwartung (oder „Notfallreaktion"?)							
• Sinnentnahme							
• Orientierung: Vor- und Rückgriff							
• Bezug zur eigenen Lebenswelt/Sprache herstellen							
4 Einschätzen des eigenen Könnens							
• Hilfen erbitten, Fragen stellen							
• Hilfen annehmen und integrieren							
5 Tempo der Aufgabenlösung/Ausdauer							
6 Interesse am Inhalt							

für DIN A4

© Cornelsen Verlag Scriptor, Zeit für die Schrift II

LERNBEOBACHTUNG Lesen – Auswertung Mai

für DIN A4

Name Datum:

	Susi	will	zu den	Küken	am See	nimmt mit	Futter
Anzahl							
richtig: Buchstaben							
Wortteile							
Wort							
Zugriffsweise							
1 Buchstaben nennen (Buchstabe-Laut-Beziehung) Vom einzelnen Buchstaben ausgehen							
2 Teilschritte zum Erlesen Vom Wortteil ausgehen • Synthese							
• Strukturierung des Wortes							
Vom Wort als ganzem ausgehen • Bekanntes u. Neues unterscheiden							
3 Teilschritte integrieren – zielorientiert • Behalten des bereits Gelesenen							
• Sinnerwartung als Steuerung (oder „Notfallreaktion"?) • Kontrolle der Sinnerwartung (oder „Notfallreaktion"?) • Sinnentnahme							
• Orientierung: Vor- und Rückgriff • Bezug zur eigenen Lebenswelt/Sprache herstellen							
4 Einschätzen des eigenen Könnens • Hilfen erbitten, Fragen stellen							
• Hilfen annehmen und integrieren							
5 Tempo der Aufgabenlösung/Ausdauer							
6 Interesse am Inhalt							

© Cornelsen Verlag Scriptor, Zeit für die Schrift II

Lernspiel: Wer bekommt das Bild?

Vorbereitung des Materials: Kopieren Sie die Vorlagen vergrößert auf DIN A4 auf dickeres Papier, am besten jede Vorlagenseite auf ein Blatt anderer Farbe. Schreiben Sie auf alle ausgeschnittenen Karten einer Reihe auf die Rückseite jeweils dieselbe Nummer, sodass es z. b. vier rote Karten (drei Wortkarten und eine Bildkarte) mit jeweils einer 1, vier rote Karten mit einer 2 gibt usw. Alle Karten einer Farbe werden z. b. in einem gleichfarbigen Briefumschlag aufbewahrt. Die Kinder können das Spiel nach einer Einweisung vollkommen selbstständig spielen, beraten sollten Sie lediglich hinsichtlich des passenden Anspruchs der Wortkarten des Spielsets.

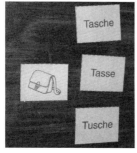

Spielanleitung: Das Spiel wird von drei Spielern, auch mit einem vierten Spielleiter mit allen Karten einer Farbe gespielt. Zunächst werden die Bildkarten separiert und die dazugehörigen Wortkarten auf dem Tisch verdeckt ausgelegt, sodass die Zahlen auf der Rückseite sichtbar sind. Im ersten Spielzug wird (vom Spielleiter) die Bildkarte mit der 1 aufgedeckt und jeder Spieler wählt eine Wortkarte mit einer 1. Der Spieler, der die zum Bild passende Karte hat, erhält das Bild 1. Die Wortkarten mit einer 1 werden in den Briefumschlag zurückgelegt. Dann beginnt der zweite Spielzug mit den mit 2 nummerierten Karten usw. Sieger ist, wer am Schluss die meisten Bildkarten hat.

Die **Lernchancen** dieses Spiels liegen im Austausch der Kinder untereinander: Weil jeder Spieler ein Interesse daran hat, das Bild zu erhalten, richtet jeder seine Aufmerksamkeit auf die unterscheidenden Merkmale der Wörter und setzt sich mit der Struktur der Schrift auseinander. (Diese im Austausch liegenden Lernchancen würde man verringern, wenn man – z. B. als beobachtender Spielleiter oder schriftlich – Lösungshilfen vorgeben würde.) Der Austausch ist für das Lernen wichtiger als die in jedem Fall sachlich richtige Entscheidung.

Die **Anforderungen des Materials** sind dabei auf den fünf Kopiervorlagen unterschiedlich vorstrukturiert: Unterscheiden sich die Wörter auf der Kopiervorlage 1 noch hinsichtlich des ersten Buchstabens, sodass die Kinder schon aufgrund der Analyse des Anlauts eine Entscheidung finden können, stellen die anderen Spielsets zunehmend differenziertere Ansprüche. Bei der 2. Vorlage können Kinder sich trotz kleinerer Schrift noch an der Wortlänge orientieren, während die Vorlagen 3 bis 5 die Orientierung an weiteren Buchstaben/Lauten bei immer komplexeren Wörtern erfordern.

142 *Kopiervorlage*

Wer bekommt das Bild? (1) für DIN A4

1		Auge	Mund	Nase
2		Pinsel	Buch	Heft
3		Hose	Rock	Mütze
4		Ampel	Schiff	Roller
5		Sonne	Mond	Wolke
6		Haus	Bett	Tisch
7		Gabel	Messer	Löffel
8		Igel	Hund	Spinne

Kopiervorlage 143

Wer bekommt das Bild? (2) für DIN A4

1		Indianer	Insel	Igel
2		Dose	Daumen	Dinosaurier
3		Schildkröte	Schuh	Schaf
4		Krokodil	Kuh	Kerze
5		Telefon	Tafel	Ton
6		Bär	Besen	Banane
7		Ameise	Affe	Adler
8		Kinderwagen	Koffer	Kuchen

Wer bekommt das Bild? (3)   für DIN A4

1		Wolken	Wolle	Wolke
2		Seife	Seite	Seile
3		Kirche	Kirsche	Kirchen
4		Brot	Boot	Brote
5		Herz	Herr	Herd
6		Fahne	Farbe	Farn
7		Schiff	Schilf	Schrift
8		Tasche	Tasse	Tusche

Kopiervorlage 145

Wer bekommt das Bild? (4) für DIN A4

1		Brille	Rille	Brause
2		Stern	Stein	Sterne
3		Flasche	Fleisch	Frösche
4		Spinne	Stimme	Spange
5		Strumpf	Sprung	Sumpf
6		Knopf	Kopf	Korb
7		Glas	Gras	Gas
8		Traube	Trauben	Tauben

© Cornelsen Verlag Scriptor, Zeit für die Schrift II

146 *Kopiervorlage*

Wer bekommt das Bild? (5) für DIN A4

1	❄	Schneestern	Schneesturm	Schneemann
2	🌿	Tannenzweig	Tannenbaum	Tanzen
3	📺	Fernseher	Fernglas	Fenster
4	🚲	Fahrrad	Fahrbahn	Fahrkarte
5	✈	Flugzeug	Flugzeuge	Feuerzeug
6	📮	Briefmarke	Briefwaage	Briefkasten
7	🔦	Taschenlampe	Taschentuch	Taschenschirm
8	🔥	Streichhölzer	Streicher	Streifen

© Cornelsen Verlag Scriptor, Zeit für die Schrift II

Übersicht:
Beobachtungs-, Diagnoseverfahren und standardisierte Tests zum Schrifterwerb (Klasse 1)

Zur Orientierung über Beobachtungsinstrumente, Diagnoseverfahren und Tests für den Schulanfang sowie zum Lesen und Schreiben in Klasse 1 (also keine allgemeinen Schulreife-/Schuleignungstests, Sprachtests usw.) haben wir Angaben in der folgenden Tabelle zusammengestellt: insbesondere zur Art der Aufgaben und zu den Auswertungskategorien. Falls Sie keine Bezugsadresse in der 1. Spalte finden (Internet), verweisen die Fußnoten auf entsprechende Veröffentlichungen.

Um Leistungsentwicklungen zu ermitteln, sind Diagnoseverfahren mit (informellen) Rohwerten ausreichend: Wenn ein Kind am Anfang des Schuljahres 20 Fehler macht und drei Monate später nur 12, dann ist der Lernzuwachs offensichtlich. Will man jedoch zu einem bestimmten Zeitpunkt die Leistungen der eigenen Klasse ins Verhältnis setzen mit denen vergleichbarer Klassen, braucht man standardisierte Tests. Damit ein solcher Vergleich möglich ist, sind bei der Durchführung von Tests die vorgegebenen Durchführungsanweisungen (Zeitpunkt, Zeitdauer, wörtliche Äußerungen des Testleiters usw.) unbedingt genauestens zu beachten.

Ergebnisse normierter Tests liegen in Form von Prozenträngen vor und zeigen beispielsweise, inwieweit in der eigenen Klasse Kinder bis Prozentrang 10 sind, die also zu den 10 Prozent der schwächsten Kinder auch der Eichstichprobe gehören; aufgrund starker Schwierigkeiten im getesteten Bereich benötigen sie besondere Lernhilfen. Umgekehrt sind Kinder mit Prozenträngen über 90 auch im Vergleich zu anderen Klassen besonders leistungsstark.

Wenn die Testauswertung nicht nur einen einzigen Wert ergibt, sondern differenzierte Informationen zu einzelnen Leistungsbereichen bereitstellt, ermöglicht sie zudem die Identifizierung von einzelnen Schwierigkeiten oder Teilleistungsschwächen. Da auch ein individualdiagnostischer Test jedoch einen Messfehler aufweist, ist seine Aussagekraft stets eingeschränkt und gerade im Blick auf gezielte Lernhilfen durch differenziertere Beobachtungsverfahren zu ergänzen. Mit der SCHULANFANGSBEOBACHTUNG und der LERNBEOBACHTUNG Schreiben und Lesen in Klasse 1 stellen wir Ihnen in diesem Band zwei systematische Beobachtungsinstrumente für den Unterricht vor, damit Sie mit Ihren Lernhilfen gezielt die spezifischen Lernmöglichkeiten des Kindes aufgreifen können.

In die folgende Übersicht sind nur einige Instrumente zur Beobachtung am Schulanfang exemplarisch aufgenommen (weitere s. HÜTTIS-

GRAFF 2008).Verschiedene der hier enthaltenen Aufgaben werden auch in größeren Sammlungen beispielsweise von Ministerien und Fortbildungsinstituten herausgegeben – zum Teil eingebettet in einen Spiel- oder Geschichtenzusammenhang (s. JOCHUM-MANN/SCHWENKE 2002, HIRSCHFELD/LASSEK 2004). Diese Sammlungen enthalten informelle Beobachtungsverfahren dazu, wie die Kinder am Schulanfang mit Schrift oder Sprache umgehen, oder prüfen auch Teilleistungen ab:

- Schrift-Aufgaben mit Spielräumen zum erschließenden Beobachten (z. B. Memory mit Schrift, Leeres Blatt, KIM-Spiel ...)
- Schrift-Aufgaben zur gezielten Überprüfung, ob bestimmte Teilleistungen erbracht werden oder nicht (z. B. Buchstabenkenntnis, Kenntnis von Wörtern, Gezinktes Memory, Wort-Vergleich-Suchaufgabe usw.).
- Sprach-Aufgaben zur phonologischen Bewusstheit im weiteren Sinne (d. h. mit sprechmotorischen Einheiten wie Silben, Wortlänge: *Welches Wort ist länger? Was hat die meisten Silben?* Erkennen von bildlich dargestellten Wörtern mit gleichen Endreimen usw.)
- Sprach-Aufgaben zur phonemischen Bewusstheit im engeren Sinne (d. h. zu Lauten als kognitiven Einheiten: Anlaut-Identifikation, Endlaute, Phonemanalyse, Lautsynthese), von denen viele in MARTSCHINKE, S. u. a. 2001 und im BISC (JANSEN u. a. 2002) enthalten sind
- Aufgaben zur Wahrnehmung, Motorik und Merkfähigkeit, die wie BREUER/WEUFFEN (2004) diese Lernvoraussetzungen unabhängig von der Schrift erheben (z. B. „Ein Besuch im Land der Roboter" in JOCHUM-MANN/SCHWENKE 2002, HIRSCHFELD/LASSEK 2004).

Beobachtungs-, Diagnoseverfahren und standardisierte Tests

Schulanfang

Name, Kurzbezeichnung, Anwendung	Autor	Klasse	Angaben zur Normierung	Testform (Durchführungsdauer)	Aufgaben mit Beispielen	Auswertung
Bielefelder Screening zur Früherkennung von Lese-Rechtschreibschwierigkeiten BISC (1999) 2002	Jansen, H. Mannhaupt, G. Marx, H. Skowronek, H.	Vorschule	N = 1168 Altersnormen	Einzeltest, z.T. Speedtest (35 Min.)	5 Aufgaben zur phonologischen Verarbeitung: • vorgesprochene Reime erkennen: *Kind – Wind*: ja, *Kind – Stuhl*: nein • Silben segmentieren: vorgespr. Nomen klatschen • Laute verbinden: *M-aus* • Laut-zu-Wort-Vergleich: *Hörst du in Igel ein I?* • Pseudowörter nachsprechen: *bunitkonos* Aufgaben zu Aufmerksamkeit u. Gedächtnis: • Wortvergleich-Suchaufgabe: ein 4-buchstabiges Wort aus 4 ähnlichen heraussuchen • Objektfarbenkenntnis: Farbe unfarbiger Objekte schnell benennen • die richtige Farbe farbig falsch dargestellter Objekte schnell benennen • Buchstaben und Zahlen benennen (nicht gewertet)	• phonologische Bewusstheit (sprechrhythmische Einheiten: Reime, Silben) • phonemische Bewusstheit (Phoneme/Laute) • visuelle Aufmerksamkeitssteuerung • Kapazität des Langzeit- und Kurzzeitgedächtnisses
Der Rundgang durch Hörhausen 2001	Martschinke, S. Kirschhock, E.-M. Frank, A.	Schulanfang und Mitte 1	N = 375	Einzeltest (30–40 Min.)	10 Aufgaben, eingebettet in übergreifenden Spielzusammenhang (Kopiervorlagen, eigenes Material): • Silben segmentieren: Tiernamen klatschen • Silbensynthese: *Ziege/Kamel -> Zie-mel/Ka-ge* • Endreim erkennen: aus 4 Bildkarten 3 mit gleichem Endreim suchen: *Hose-Rose-(Roller)-Dose*	Diagnose von folgenden Defiziten (Punktvergabe): • phonologische Bewusstheit (Silben, Reime)

Name, Kurzbezeichnung, Anwendung	Autor	Klasse	Angaben zur Normierung	Testform (Durchführungsdauer)	Aufgaben mit Beispielen	Auswertung
					• Phoneme analysieren: *rot* -> *r-o-t*; *Zug* -> *T-S-U-G* oder *Z-U-G* (nicht *Z-U-K*) (!) • Lautsynthese u. Umkehraufgabe: *I-K-E* -> *IKE* -> *EKI* • Anlaut erkennen: von 4 Bildkarten 3 mit gleichem Anlaut finden: *Bart-(Kamm)-Birne-Boot* • Endlaut erkennen: von 4 Bildkarten 3 mit gleichem Endlaut finden: *Blitz-Herz-(Wiese)-Pilz* • nicht gewertet: eigenen Namen und Brief/andere Namen schreiben, (Groß-)Buchstaben benennen	• phonemische Bewusstheit (Laute) • Vorkenntnisse mit Schriftsprache (nicht gewertet)
Differenzierungsproben DP 0, I und II (1975) 2004	Breuer, H. Weuffen, M.	0: 4.0–5.9 Jahre I: 5.10–6.11 Jahre II: 7.0–10.0 Jahre	DP I N = 335 DP II N = 274 zur Entwicklung der Wahrnehmungsleistungen, nicht normiert	Einzeltest (25–30 Min.)	5 Aufgaben (DP I): • fünf buchstabenähnliche Zeichen abmalen • ähnlich klingende Wörter unterscheiden (Bildvorlage): *Kanne – Tanne*, zeige *Kanne*. *Die Wache – wasche*. *Der Sack – satt*. • Wörter nachsprechen: *Aluminium, Postkutsche, Schellfischflosse* • etwas singen: *Alle meine Entchen* • einen Takt nachklatschen	Fünf Wahrnehmungsbereiche: • optisch-graphomotorische Differenzierung • akustisch-phonematische Differenzierung • kinästhetisch-artikulatorische Differenzierung • melodische Differenzierung • rhythmische Differenzierung

Verfahren	Autor	Alter	Erprobung	Form	Inhalt	Auswertung
Lese- und Schreibaufgaben für Schulanfänger 1989	Brügelmann, H.	Ende Vorschule bis Anfang 1	über 20 Klassen informell (durchschnittliche Ergebnisse als grobe Richtwerte)	Beobachtungshilfe für Gruppen (ca. 25 Min. + Instruktion)	4 Aufgaben als Grobfilter (spielerischer Rahmen): • Buchstaben und eigene Wörter schreiben • Logos erkennen: aus 4 Wörtern die richtige Abschrift des Emblems ankreuzen • Zahlen-Diktat: von vier Zahlen die diktierte Zahl einkreisen • Buchstaben-Diktat: von vier Buchstaben den vorgesprochenen Buchstaben (Laut) einkreisen Bei aus dem Rahmen fallenden Leistungen: Gespräch und weitere Beobachtungsaufgaben zu 8 Lernfeldern	Erhebung vorschulischer Schrifterfahrungen: • produktive Buchstabenkenntnis eigene Wörter: Sichtwortschatz • Symbol-Verständnis • rezeptive Zahlkenntnis • rezeptive Buchstabenkenntnis (Beobachtungsbogen zur Anzahl richtiger Lösungen, verschiedener Buchstaben und Wörter)
SISMIK (Sprachentwicklung und Literacy bei deutschsprachig aufwachsenden Kindern) (2003) / SELDAK (Sprachverhalten und Interesse an Sprache bei Migrantenkindern in Kindertageseinrichtungen) (2006)	Ulich, M. u.a.	3 ½ Jahre/ 4 Jahre bis Schulalter	informelles Screening; Erprobung mit 2500 Kindern aus über 500 Einrichtungen	(Beobachtungsbogen) systematische Beobachtung im Schulalltag	Fragen zu (schrift)sprachlichen Fähigkeiten, Fertigkeiten und Interessen eines Kindes, z.B.: • In welcher Situation zeigt es Interesse und Freude? • Auf welchem sprachlichen Niveau wird es (in verschiedenen Situationen) aktiv? • Wie weit geht es selbständig mit Büchern um? • Inwieweit hat das Kind Spaß an Fantasiewörtern und Zaubersprüchen? • Inwieweit hat es Freude am Diktieren von Geschichten? • Wie geht es mit seiner Familiensprache in der Einrichtung um?	Quantitative und qualitative Auswertung für mehrsprachige und wenig schriftbezogene Kindern, Normwerte; • Sprachentwicklung Deutsch • Sprachgebrauch Muttersprache und Deutsch • Literacy: Interesse für und Gebrauch von Geschriebenem • Interesse an Sprachspielen

SCHREIBEN in Klasse 1

Name, Kurzbezeichnung, Anwendung	Autor	Klasse	Angaben zur Normierung	Testform (Durchführungsdauer)	Aufgaben, z. T. mit Beispielen	Auswertung
Diagnostische Rechtschreibproben mit Worttrainer DRP 1999 www.testzentrale.de	Biglmaier, F.	ab Klasse 1 (bis Erwachsene)	Informell	Einzel- oder Gruppentest (10–15 Min.)	40 vom Computer diktierte Wörter am Computer schreiben	Fehlertypen: Mengenfehler Gütefehler Umstellungen Groß-/Kleinschreibung; integrierter Worttrainer (richtige Wörter – Fehlerquotient)
Diagnostischer Rechtschreibtest für 1. Klassen DRT 1 (1990) 2003 www.testzentrale.de	Müller, R.	Ende 1/Anfang 2 (bis Kl. 5)	N = 1488 Normen, auch für die 6 Fehlerkategorien	Gruppentest (Parallelformen A und B) (30–45 Min.)	30 Wörter-Diktat (alle Wortarten) mit Konsonantenverbindungen, ohne Stammschreibungen	Fehlerkategorien: Phonetische Fehler Gliederungsfehler Buchstabenfehler Häufige Morpheme Signalgruppen Anfangs- und Endmorpheme Konsonantengruppen
Hamburger Schreibprobe 1 HSP 1+, HSP 1 2002 http://www.vpm-online.de/index.cfm	May, P.	Mitte und Ende Klasse 1 (bis Kl. 9)	N = 23000 aus Kl. 1 bis 9 PR-Normen für einzelne Strategien	Gruppentest, bis 30 Min. (Papier und Stift)	4–8 Einzelwörter neben Abbildungen schreiben Diktat eines Satzes: *Die Fliege fliegt auf Uwes Nase.*	Lernentwicklung; richtig geschriebene Wörter Graphemtreffer; Lupenstellen für Strategien • alphabetische Strategie • orthographisch-morphematische Strategie • wortübergreifende Strategie

Münsteraner Rechtschreibanalyse MRA 2004 www.lernserver.de	Schönweiss, F.	Kl. 1–2 (bis Kl. 9)	N = 30000 aus Kl. 1–9	Gruppentest, Papier und Stift	altersadäquate Lückendiktate (handschriftlich; Lehrer überträgt die Schreibungen in den Computer)	182 Diagnose- und Förderkategorien Diagnostik pro Kind 5 Euro vom Lernserver Fördermaterial pro Kind 25 Euro Wahrnehmungs- und Regelbereich interaktive Förderdiagnostik mit dem Lernserver
Basiskompetenz für Lese-Rechtschreibleistungen BAKO 1–4 2003 www.testzentrale.de	Stock, C. Marx, P. Schneider, W.	Ende Kl. 1 (– Ende 4)	N = 229 für 1. Klasse Klassennormen auch für Subtests	Einzeltest mit Test-CD; nicht für mehrsprachige Kinder (30 Min.)	74 Aufgaben/7 Subtests: • Pseudowörter lautieren: *skop: s-k-o-p* oder *s-c-o-p* falsch: *s-k-o-b (!)* • in Wörtern a durch i ersetzen: *Mittag: mittig, Marmelade: Mirmelide* • Anlaut weglassen: *Ende -> nde, prasi -> rasi* • die ersten beiden Phoneme vertauschen: *Masse -> amsse, Tiger -> itger, Ente -> nete* • aus vier Wörtern das mit anderem An- oder Endlaut nennen: *Kopf-Turm-tief-Trick, grau-froh-Pfau-blau* • aus vier Wörtern das mit anderer Vokallänge nennen: *maar-raas-dack-laat, deek-kett-pesch-zenn* • Wörter umkehren: *ral -> lar, Boot -> toob, eni -> ine*	phonemische Bewusstheit: • Pseudowortsegmentierung • Vokalersetzung • Restwortbestimmung • Phonemvertauschung • Lautkategorisierung • Vokallängenbestimmung • Wortumkehr

LESEN in Klasse 1

Name, Kurzbezeichnung, Anwendung	Autor	Klasse	Angaben zur Normierung	Testform (Durchführungsdauer)	Aufgaben, z.T. mit Beispielen	Auswertung
Hamburger Leseprobe 1 HLP 1 (1992) 2002 www.peter-may.de	May, P. Arntzen, H.	Ende 1 (Mitte 2–4)	N = 1285 Keine Normen für Klasse 1	Einzeltest, Parallelformen für Langzeitbeobachtung, Tonband (Zeit individuell)	• Text zum Bild (14–16 Wörter) laut vorlesen (Lehrerhilfen gewollt) • mündliche Fragen zum Text beantworten • optional: 10 Nomen lesen	Beurteilung von: • Leseleistung, Berücksichtigung der Anzahl gegebener Hilfen • Lesegeschwindigkeit • Vorkenntnisse/Teilfertigkeiten • Leseergebnis: Verständnis, Korrektur • Vorgehen: Zugriffsweisen, Korrektur, Hilfen annehmen • Lesefluss
Hamburger Lesetest 1 HLT 1 (1985) 2002 www.peter-may.de	May, P.	Ende 1	informelle Vergleichswerte für Lang- und Kurzfassung und einzelne Aufgaben	Gruppenlesetest in Lang- und Kurzfassung, Pseudo-Parallelformen, Papier und Stift, z.T. Speedtest (24 bzw. 37 Min.)	3 bzw. 5 Untertests: • von 4 Wörtern ein diktiertes ankreuzen • aussprechbares neben 3 nicht aussprechbaren Wörtern ankreuzen • im Satz das passende von 4 Wörtern ankreuzen • zum Wortanfang das passende von 4 Bildern ankreuzen • 3 Bandwurmsätze in Wörter segmentieren	Teilfähigkeiten: • Synthese • semantisch-syntaktisches Satzverständnis • Segmentieren in Wörter/Wortbegriff • Ausnutzen häufiger Sprech-Schreibmuster (Rohpunkte)

Test	Autor	Alter/Klasse	Normierung	Durchführung	Inhalte/Fähigkeiten
Knuspels Leseaufgaben Knuspel L 1998 www.testzentrale.de	Marx, H.	Ende 1 (Mitte 2–4)	N=1100 für Kl. 1 Klassenstufennormen, auch monolingual und multikulturell	Gruppentest Speedtest, Parallelformen, Papier (50 Min.)	Vorläuferfähigkeiten für das verstehende Lesen (Rollpunkte): • Hörverstehen • Rekodieren und Dekodieren: auch sinnleere Wörter • Erkennen von Wortbedeutungen/Dekodieren (Leseverstehen auf Satzebene ab Mitte 2. Klasse) • Anweisungen ausführen (die ersten 3 Buchstaben des Namens schreiben) • Erkennen von lautgleichen (aber unterschiedlich geschriebenen) Wörtern (*Hemd – hemmt* = lautgleich; *schlaff – Schlaf* = nicht lautgleich) • Erkennen von Wortbedeutungen (an falsch geschriebenen Wörtern: *ROGG* = richtig (!); *FEDDER* = falsch)
Lesestufen 2004 http://www.persen.de	Niedermann, A. Sassenroth, M.	ab Vorschule	informell	Einzelbeobachtung Beobachtungsbögen Tonband hilfreich (15–20 Min.)	L und S betrachten das Bilderbuch „Dani hat Geburtstag" (Verständnis gesichert); Leitfragen zu: • Schrift und Bild unterscheiden • Logos benennen, Kontext als Entschlüsselungshilfe • Benennung mit Hilfe visueller Merkmale von Graphemen, Kontext sehr wichtig • Laute benennen • vollständige Synthese, ohne Kontexthilfen • Segmentieren, Kontext im Hintergrund	Einordnung in eine der folgenden 7 Lesestufen: 1: präliteral-symbolische Leistungen 2: erste logographemische Leistungen 3: logographemische Leistungen 4: erste phonemische Leistungen 5: weiterführende phonemische Leistungen 6: fortgeschrittenes Erlesen

Name, Kurzbezeichnung, Anwendung	Autor	Klasse	Angaben zur Normierung	Testform (Durchführungsdauer)	Aufgaben, z.T. mit Beispielen	Auswertung
Leseverständnistest für Erst- bis Sechstklässler ELFE 106 2005 www.elfe-lesetest.de	Lenhard, W. Schneider, W.	Ende 1 (Mitte u. Ende 2–6)	N = 20 für Kl. 1 normiert für Ende 1 und Ende 2	Gruppentest für Computer: multiple choice oder Papier und Bleistift (15 Min.)	• 1 Bild – 4 Wörter (*Felsen, Fehler, Fremde, Fenster*) • 1 Wort – 2 Bilder (*Tim: Indianerin – Indianer*) • 5 Wortalternativen: *Mit einem Füller/Bein/Kuchen/Kopf/Hals kann man schreiben.* • zum Text passende Aussage ankreuzen (1 von 4)	Automatische Auswertung mit Computer: • Wortverständnis • Lesegeschwindigkeit • Satzverständnis (Sinnentnahme, syntaktische Fähigkeiten) • Textverständnis (Informationen finden, satzübergreifendes Lesen, schlussfolgerndes Denken)
Protokollbogen zur Beobachtung der Leseentwicklung 1993	Brinkmann, E. Brügelmann, H.	Anfang, Mitte und Ende 1	nicht normiert	Einzelbeobachtung im Unterricht	Beobachtungsbogen zur Leseentwicklung: Selbstständigkeit gelingender Zugriffe in verschiedenen Situationen einschätzen	Einschätzung von 41 Zugriffsweisen beim Lesen auf Laut-, Buchstaben-, Baustein-, Wort-, Satz- und Textebene
Salzburger Lese-Rechtschreibtest SLRT (1997) 2000 www.testzentrale.de	Landerl, K. Wimmer, H.	Ende 1 (–4)	N = 2800 normiert	Einzel- und Gruppentest, z.T. Speedtest, Papier (5–15 Min.)	Einzelwörter lesen	Automatische, direkte Worterkennung synthetisches, lautierendes Lesen Lesegeschwindigkeit Lesefehler (Fehlerquotient)

Salzburger Lese-Screening für die Klassenstufen 1–4 SLS 1-4 2003 www.testzentrale.de	Mayringer, H. Wimmer, H.	Ende 1 Anfang 2 (Mitte u. Ende 2–4)	N = 280 (Anfang Kl. 2) normiert (nur monolingual)	Gruppentest, Parallelformen, Speedtest, Papier (15 Min.: 3 Min. + Anleitung)	einzelne Sätze lesen und entscheiden, ob die Aussage richtig oder falsch ist (70 Sätze für alle Klassenstufen gleich)	Anzahl korrekt beurteilter Sätze: Lesequotient Lesegeschwindigkeit
Stolperwörterlesetest STOLLE 1 2002 kostenlos unter www.wilfriedmetze.de	Metze, W.	Ende 1 (–4)	N = 3328 für Kl. 1 Klassenstufennormen, monolingual und multikulturell	Gruppentest Parallelformen Speedtest (10 Min. + Instruktion = 25 Min.)	Satzlesen: Durchstreichen des inhaltlich oder syntaktisch unpassenden (aber semantisch nahe liegenden) Wortes im Satz, z.B. *Mir gefällt dein schön Bild gut.* (Itemanzahl in Kl. 1. 40 Sätze, Kl. 2–4: 60 Sätze)	Sinnverstehendes Lesen Lesegeschwindigkeit Lesegenauigkeit (Auswertungsschablonen, Auszählung richtig gelöster Sätze, Fehlerquotient)
Würzburger Leise-Lese-Probe WLLP 1998 www.testzentrale.de	Küspert, P. Schneider, W.	Ende 1 (–4)	N = 646 (1. Klasse) normiert für Ende 1–4	Gruppentest Parallelformen Speedtest (15 Min. + Instruktion)	von 4 Bildern das zum Wort passende Bild anstreichen: z.B. *Kirsche – Kirche – Birne – Kutsche Biene – Ziege – Birne – Fliege* d.h. Weltwissen und Bilderkennen wichtig (140 Items)	Lesefertigkeit Dekodier(Lese)geschwindigkeit (Auszählung richtig gelöster Aufgaben, Fehlerquotient)

Lernbeobachtungen und Lernhilfen im Überblick

Zur Passung von Lernbeobachtung und Lernhilfe bei den Anfängen des Schrifterwerbs (Kindergarten/Vorschulklasse – Schulanfang/Klasse 1 – und später)

LERNBEOBACHTUNG	Lernhilfe in Bezug auf Lernweg und Lernergebnis	
	eher offene Aufgaben und Unterrichtsformen	stärker gelenkte Aufgaben und Unterrichtsformen
(1) Das Kind hat noch keine grundlegende Orientierung bei der Aneignung der Schrift gefunden	**Anbahnung von Schrifterfahrung** Kenntnisse austauschen und erproben; Schreibideen realisieren: *Das Leere Blatt* (Bd I: 80 ff.)	
Indizien	Mit Buchstaben hantieren: *Der eigene Name (Buchstaben kaufen, Namensketten*, Bd I: 86, 88f, 91f, 139f; Bd II: 54)	
• Beim freien Schreiben (und beim Aufschreiben ungeübter Wörter) schreibt es gelegentlich/meist diffus; öfter verweigert es sich diesem Lernangebot/dieser Aufgabe; die richtigen Schreibungen geübter Wörter basieren auf einer mechanisch-memorierenden Zugriffsweise.		Texte – eine neue Welt: *Vorlesen und Mitlesen…* (Bd I: 54f, 88ff) Sprachspiele, Reime, Zungenbrecher auswendig lernen und mitlesen (Bd I: 89–91, 153f; Bd II: 59–62)
• Beim Erlesen ungeübter Wörter beschränkt es sich entweder darauf, einzelne Buchstaben zu benennen, oder es versucht, das Wort als Ganzes zu erschließen („blindes Raten"), oder es beendet die Situation als „Notfallreaktion".		Lesen ist nützlich: *Memory mit Schrift: Tiere – Namen aus der Klasse…* (Bd I: 83–85; Bd II: 31, 54) *Ein Rezept lesen* (Bd I: 92–94)
Seine Buchstabenkenntnis ist unvollständig und unsicher.		Lesen (Zuhören beim Vorlesen und Erzählen) macht Spaß: *„Die Geschichte vom Löwen, der nicht schreiben konnte"* (Bd II: 43) *„Riesengeschichte – Mausemärchen"* (Bd I: 116f) *Der Turm zu Babel* (Bd I: 124–130, Kopiervorlage 181)

Die Synthese von zwei Buchstaben gelingt noch nicht oder macht große Schwierigkeiten.

	Leseecke: Selbst und mit anderen „lesen" „Die Königin der Farben" (und Hörkassette) (BdII: 43)	**Wissen und Können als Voraussetzung für das Problemlösen** Übungen zur Vergegenständlichung von Sprache Wörter nach ihrer Länge vergleichen: *Wozu brauchst du mehr Puste?* (BdI: 143f; BdII: 63) Buchstabenmerkmale unterscheiden: *gerade; rund; gerade und rund* (BdI: 144f; BdII: 54)

(2) Der Lernprozess stagniert bei unterschiedlichen Zugriffsweisen auf niedrigem Niveau

Indizien
- Beim freien Schreiben (und beim Aufschreiben ungeübter Wörter) schreibt das Kind zwar regelgeleitet, aber stark rudimentär – auch nach Abschluss des Lese- und Schreiblehrgangs.

Anregen zum freien Schreiben ohne ausdrückliches Verknüpfen mit dem Schreiblehrgang Die Kinder diktieren dem Lehrer/ der Lehrerin oder schreiben selbst: Erlebniserzählung, Parallelgeschichten zu literarischen Texten, zum Bild (BdI: 100ff; 103–108, 115–119; BdII: 61f) Anlässe für freies Schreiben, die Betroffenheit provozieren: *„Post für den Tiger"* (BdI: 106ff); *„Der Löwe, der nicht schreiben konnte"* (BdI: 43)	**Betonen des kognitiven Aspekts im Schreiblehrgang** Analyse und Synthese durch Schreiben: Verbindung von Lesen und Schreiben: *Uta* (BdI: 109f) Begrenzte Anzahl von Schreibwörtern; unterschiedliche Wortstruktur, unterschiedliche Schreibmaterialien (BdI: 111) Schwierigkeitsgrad der Aufgabe dem Können anpassen: *Wortschatzrolle* (BdI: 111, 124) *Strichdiktat* (2. Halbjahr von Klasse 1 und später, BdI: 111f) *Meine Mama mag Mäuse – ich mag Bücher Was magst du? ICH MAG …* (BdI: 112f)

LERNBEOBACHTUNG	Lernhilfe in Bezug auf Lernweg und Lernergebnis
eher offene Aufgaben und Unterrichtsformen	stärker gelenkte Aufgaben und Unterrichtsformen
	Rechtschriftliches Vorbereiten von Schreibanlässen – Korrigieren von Texten
	Beschriften von Zeichnungen *Mensch* (Bd I: 120)
	Dokumentarisches Schreiben: *Kater Mohrle* (Bd I: 119f); *Meine Freundin* (Bd I: 120f); *Selbstportrait* (Bd I: 120f)
	Anlässe zum Abschreiben und Aufschreiben: *Wörterbuch und Fragebogen* (Bd I: 88f, 114f, Kopiervorlage 168ff)
• Beim Lesen hat es Schwierigkeiten mit der Synthese (von zwei und mehr Elementen).	**Leseaufgabe als Herausforderung: Einführung in die Struktur der Schrift**
Wenn es Buchstaben verwechselt, verstrickt es sich rasch.	Kenntnisse erproben: *Tierkarten* Bd I: 138fd)
Es erkennt häufig die mehrgliedrigen Schreibungen nicht (ei, sch, au, eu).	
Ihm gelingt es nicht	Eine Schwierigkeit lösen: *LEO* und *OLE* (Bd I: 139f)
– Teilschritte zu bilden (das Wort zu strukturieren, z.B. Konsonant-Vokal-Gruppe) und zu prüfen	Buchstaben austauschen: *Rasen – Rosen* (Bd I: 141f)
– die Teilschritte (Sinnerwartung, Analyse, Synthese, Segmentieren) zu koordinieren (mangelnde Stringenz), an Erarbeitetes anzuknüpfen.	**Wissen und Können als Voraussetzung für Problemlösen**
	Übungen zur Präzisierung und Kontrolle der Sinnerwartung: *Lückentexte* (Bd I: 148);

Lernbeobachtungen und Lernhilfen im Überblick

Indizien	Lernhilfen
Es hat Schwierigkeiten, Fragen zu stellen, Hilfen zu erbitten (Schwierigkeiten, Bekanntes und Unbekanntes zu unterscheiden; das Ausmaß und die Grenzen des eigenen Könnens richtig einzuschätzen).	*Wörter im Kontext* (BdI: 148); *Wer hat die richtige Wortkarte – Wer bekommt das Bild* (BdI: 148f; BdII: 53, 54, Kopiervorlagen 141–146)
Es kann Hilfen nur schwer annehmen; beim Erlesen eines Wortes wiederholt es häufig Fehler, die bereits korrigiert waren.	Vorlesen und Mitlesen: *Kaschierte Wörter* (Bd.I: 147f)
	Übungen zur Buchstabenkenntnis: Anlauttabelle (BdI: 111, 150; BdII: 57) Training optischer und akustischer Analyse
	Anregungen zur Synthese: Buchstabenaustauschen; Verbinden als sichtbare Bewegung/Lautgebärden (BdI: 151)
	Anregungen zur Strukturierung des Wortes: *Was kennst du, was möchtest du wissen?* (BdI: 153) *Wortaufbau – wortspezifisch* (BdI: 154f)

(3) Das Kind hat die grundlegende Orientierung bei der Aneignung der Schrift gefunden. Seine Schwierigkeiten sind unterschiedlicher Qualität — **Bestätigen und Erweitern des Könnens, Spielräume für Erkundungen gewähren und eröffnen, Elemente der Lehrgänge wiederholen**

Indizien	Lernhilfen
Indizien • Beim freien Schreiben (und beim Aufschreiben ungeübter Wörter) werden die Teile des Wortes vollständig wiedergegeben/nahezu vollständig wiedergegeben.	Situationen für leises Lesen: *So wird der Herr Direktor gebastelt* (BdI: 18ff) *Wir waren im Zirkus Althoff* (BdI: 159) *Hosentaschenbuch* (BdI: 89)
	Weitere Anlässe für freies Schreiben: „Riesengeschichte – Mausemärchen" (BdI: 116f), *Der Turm zu Babel* (BdI: 124–130)
Dabei verfährt das Kind regelgeleitet, – aber es orientiert sich stark an seiner Artikulation (Dialekt, Umgangssprache, gedehntes Sprechen)	Anreiz zur Selbstkontrolle und -korrektur: *Wörterbuch* (BdI: Anhang 167ff) *Kathrins Segelschiff* (BdI: 161)
	„Grundwortschatz" (klassen- bzw. kindspezifisch): als Anregung selbstständiger Regelbildung – unter Berücksichtigung besonderer Schwierigkeiten: *Wörterbuch und Fragebögen* (BdI: 114f) *Kopfheft* (BdI: 122ff) *Reimwörter* (BdI: 153f) *Wortschatzrolle* (BdII: 111, 124)

LERNBEOBACHTUNG	Lernhilfe in Bezug auf Lernweg und Lernergebnis	
	eher offene Aufgaben und Unterrichtsformen	stärker gelenkte Aufgaben und Unterrichtsformen
– und folgt dem phonematischen Prinzip, aber es verwendet „orthographische Elemente" willkürlich, nicht wortspezifisch		Bei der Fehlerkorrektur Schwerpunkte setzen: Bd I: 132f *(wohnt, die, Pferd; komme, Freundin)* Schwierigkeitsgrad dem Können anpassen: s. o.
– und folgt dem phonematischen Prinzip, aber es „denkt" beim Schreiben nicht an die Wortbedeutung, folgt nicht dem morphematischen Prinzip (→ Klasse 2 und später)		Sprechen über Verfahren: – Verlängern, was steckt da drin? *(einer – viele, z. B. Hund, trägt)* – kann man hören – muss man wissen …
– aber es erkennt nicht den „Fall" für die Anwendung kodifizierter Regeln der Duden-Norm (z. B. Großschreibung, s-Laute, → Klasse 2 und später).		
• Beim Lesen von längeren Wörtern / von Wörtern mit Konsonantenhäufungen / von Wörtern, die semantisch und syntaktisch nicht erwartet sind. / von Wörtern, die nicht zum Wortschatz des Kindes gehören, hat das Kind Schwierigkeiten,	Aufgaben zum leisen Lesen: Selbstkontrolle durch Handlungsbezüge	Anregungen zur Synthese Übungen zur Buchstabenkenntnis s. o. Anregungen zur Strukturierung des Wortes (Silbe als Lernhilfe, Bd I: 148)
– Teilschritte zu bilden und zu prüfen,	**Sprechen über Verfahren (Selbst-)Sicherheit vermitteln**	
– die Teilschritte entsprechend der Sinnerwartung zu koordinieren (Analyse, Synthese, Segmentieren; mangelnde Stringenz, unzureichende Automatisierung der Funktionen).	Leseaufgaben unterschiedlichen Schwierigkeitsgrades selbst wählen lassen. Tägliche selbstständige Leseübung – und -kontrolle (Bd I: 62f, 160)	Übungen zur Präzisierung und Kontrolle der Sinnerwartung s. o.

Lernbeobachtungen und Lernhilfen im Überblick

Es kann das Wort zwar dekodieren, versteht aber den Sinn nicht.		
Ihm gelingt nicht die artikulatorische Gliederung entsprechend der Silbigkeit (z. B. „Feuerplatz").		Anregungen zur Strukturierung des Wortes, Silbe als Lernhilfe (BdI: 159)
Es nimmt die Zeichen nicht exakt und vollständig wahr (bei der Bildung und Prüfung der Hypothesen): ungesteuerte Sinnerwartung.		
Es verfährt beim Erlesen starr, nicht wortspezifisch	Sprechen über Fehler *Das kann ich dir beweisen* (BdI: 148f; BdII: 53, 54)	
– auch bekannte Wörter werden synthetisiert		
– oder: es versucht, auch unbekannte Wörter oder kaum erwartbare Wörter als ganzes zu erfassen (Ähnlichkeit mit (1), aber unterschiedliches Ausmaß des Könnens).		
Es ist – wegen unzureichender Automatisierung der Funktionen – nicht den Anforderungen an die Konzentration gewachsen (großer Zeitaufwand beim Erlesen).	Lesefehler nicht stets sofort korrigieren, Zeit zur Selbstkorrektur lassen (am Ende des Satzes, des Satzabschnitts) *Kassettenrecorder als Medium* (BdI: 160)	
Es hat Schwierigkeiten, die eigenen Lesefehler zu korrigieren, seine Entwürfe von dem Wort rasch zu prüfen, falsche Buchstaben zu ersetzen		Spezifisches Training, u. U. zeitweise Nicht-Beachten der Schwierigkeit

LERNBEOBACHTUNG	Lernhilfe in Bezug auf Lernweg und Lernergebnis	
	eher offene Aufgaben und Unterrichtsformen	stärker gelenkte Aufgaben und Unterrichtsformen
	Was kennst du? *Was möchtest du wissen?* (Bd I: 153)	
Es hat Schwierigkeiten, Fragen zu stellen, Hilfen zu erbitten		
Es kann Hilfen nur schwer annehmen; beim Erlesen eines Wortes wiederholt es häufig Fehler, die bereits korrigiert waren.	Leseecke: Vielfältige Bücher und Hefte bereitstellen: einfach und interessant/informativ Situationen für leises Lesen; Sprechen über den Text	
Es entwickelt keine / kaum inhaltliche Leseinteressen.		
Es hat Schwierigkeiten, einen Text laut vorzulesen (Klasse 2 und später).	Lautes Lesen vorbereiten; Funktionale Anlässe für Vorlesen aufgreifen, z.B.: Buchvorstellung in der Klasse Leseabend in der Schule (Vorlesen eigener Texte) – außerhalb der Schule (Gemeindezentrum/ Bücherei...)	

Register

Analphabetismus (family literacy)
Bd I: 18, 53, 57f, 63–67, 88
Anlauttabelle Bd I: 111, 150;
Bd II: 57
Aufgabenstellungen und Lernsituationen
- Abschreiben und Aufschreiben
  s. Kopfheft, s. Wörterbuch
- Das Leere Blatt
  Bd I: 80–82;
  Bd II: 26, 29, 32ff
- Der eigene Name
  Bd I: 86, 88f, 91f, 139f;
  Bd II: 54
- Der Zirkusdirektor
  Bd I: 18ff, 159
- „Die Geschichte vom Löwen, der nicht schreiben konnte"
  Bd II: 43
- „Die Königin der Farben"
  Bd II: 43
- Dokumentarisches Schreiben
  Bd I: 119f
- „Eichhörnchen"
  Bd I: 100–103
- Ein Rezept lesen
  Bd I: 92–94
- Hosentaschenbuch
  Bd I:89
- Ich mag ...
  Bd I: 112f
- Ich sehe was, was du nicht siehst
  Bd I: 145
- Kassettenrecorder
  Bd I: 160
- Klappbücher
  Bd I: 89
- Kopfheft
  Bd I: 122ff
- Lehrererzählung (s. Turm zu Babel)
- Memory mit Schrift
  Bd I: 83–85;
  Bd II: 26, 29, 31, 45, 54,
  Anhang 124
- Mensch
  Bd I: 120
- OLE und LEO
  Bd I: 139f
- „Post für den Tiger"
  Bd I: 106ff

- Reime, Lieder und Gedichte
  Bd I: 89–91, 153f;
  Bd II: 59–62
- „Riesengeschichte – Mausemärchen"
  Bd I: 116f
- Rosen-Rasen
  Bd I: 141f
- Schatzkiste
  Bd II: 54
- Selbstportrait
  Bd I: 120f
- Tierkarten
  Bd I: 138f
- Turm zu Babel (Lehrererzählung)
  Bd I: 124–130, Anhang 181
- Wer bekommt das Bild
  Bd I: 148f;
  Bd II: 53, 54, Anhang 141–146
- Wie sehen die Buchstaben aus
  Bd I: 144f;
  Bd II: 54
- Wortschatzrolle
  Bd I: 111, 124
- Wörterbuch
  Bd I: 88f, 114f, Anhang 168ff
- Wozu brauchst du mehr Puste
  Bd I: 143f;
  Bd II: 63

Auswertung (Kategorien der Auswertung)
- SCHULANFANGSBEOBACHTUNG
  Bd II: 33–40, 47–51, 56–58, 60–61,
  Anhang 131–134
- LERNBEOBACHTUNG Lesen
  Bd I: 27–33; Bd II: 72–78,
  Anhang 137–140
- LERNBEOBACHTUNG Schreiben
  Bd I: 38ff;
  Bd II: 92–97, Anhang 135f

Beobachtung (s. Zugriffsweisen, kognitive)
- im Unterricht
  Bd I: 21f, 60ff;
  Bd II: 15f, 86–91
- systematische Beobachtung
  Bd II: 26f, 64f
- 3 Fragen zur Beobachtung
  Bd II: 16ff, 20f

- Rolle des Beobachtenden
  Bd II: 16ff, 27, 33, 46, 86–91
- Bewusstheit, phonematische
  (phonologische, phonemische)
  Bd I: 30f, 42ff, 47f, 71, 83f, 133, 141f,
  143f, 145f;
  Bd II: 39, 49, 50, 53, 60f
- Buchstabenbegriff (s. Buchstaben-
  kenntnis)
- Buchstabenformen
  Bd I: 14, 130f, 144f;
  Bd II: 54
- Buchstabenkenntnis (s. auch Schul-
  anfangsbeobachtung)
  Bd I: 13, 27ff, 78f, 110, 139ff, 149;
  Bd II: 49, 55–58, 93

- **D**iagnose
  Bd II: 13f, Anhang 147–157
- Differenzierung (s. Lernhilfen)
- Diktat (Strichdiktat, Kopfheft)
  Bd I: 111f, 122ff
- Diktieren (Kinder diktieren ...)
  Bd I: 100ff;
  Bd II: 61f

- **F**amily literacy (s. Analphabetis-
  mus)
- Fehler (auch Verlesung)
  Bd I: 15f, 63f, 117f, 121f, 159ff;
  Bd II: 63f, 111f, 115f
- Förderung (s. Lernhilfen)

- **G**rapheme (Basis- und Ortho-
  grapheme)
  Bd I: 70f
- Grundwortschatz (s. Wortschatz)

- **K**ompetenz (s. Lernen)
- Kontext, sozialer
  Bd I: 13, 18ff, 21f, 58, 80–85, 88–94,
  112f, 115ff, 120, 124–130, 138–140,
  148f, 161;
  Bd II: 21, 23, 26, 28, 40, 41, 50ff
- Korrigieren (Selbstkorrektur)
  Bd I: 22, 87, 121f, 131ff, 146ff,
  158–161;
  Bd II: 52, 86ff, 100ff, 114
- Kulturtechnik
  Bd I: 22

- **L**autschema
  Bd I: 71ff

- Lehrgang (Lese- und Schreiblehrgang,
  Fibel, Eigenfibel)
  Bd I: 96f, 108f, 114f, 136ff, 142–158
  Bd II: 37, 116ff
- Leistung (Rechtschreibleistung,
  Leistungsmessung s. Test, standar-
  disierter)
  Bd I: 24, 50f, 122–129;
  Bd II: 15
- Lektüre (Vorlesen, Mitlesen, Selber-
  lesen, Bücher zum Vorlesen)
  Bd I: 54f, 88ff, 115–118
- Lernen (Lernprozess und Unterricht,
  s. Regelbildung beim Lernen, s.
  Unterschiede fortgeschrittener und
  schwacher Lernender; s. Lernwege,
  individuelle)
  Bd I: 14f, 34f, 77ff, 95f, 115ff, 134ff;
  Bd II: 12f, 34ff, 40, 48ff, 58, 66ff,
  114
- Lernhilfen (Lernchancen, Lernbau-
  stellen, Lernmöglichkeiten, Bedin-
  gungen des Gelingens, Förderung)
  Bd I: 20f, 35, 86ff, 104, 106, 118,
  121, 130–133, 158–161;
  Bd II: 18–24, 31, 42–44, 53–54,
  58f, 61f, 82–84, 86–91, 98f, 103,
  106–109, 111, 112–115, 118f
- Lernkontext (s. Kontext, sozialer)
- Lernschwierigkeiten
  Bd I: 17, 45–48, 56, 60–67, 116,
  132f, 160;
  Bd II: 41f, 53f, 77, 95ff, 100–109,
  112–115
- Lernwege, individuelle (Lernverhalten)
  Bd I: 40–48, 103–108;
  Bd II: 26, 28, 35–40, 41f, 48–52,
  78–84, 97–99, 100–111, 115
- Lernsituationen, soziale (s. sozialer
  Kontext)
- Lesenlernen (als Problemlösen)
  Bd I: 13, 26–36, 76f, 134–137, 139f,
  142f, 153f, 158;
  Bd II: 51, 67f, 96
- Leseschwierigkeiten (s. Lernschwie-
  rigkeiten)
- Leseverständnis (Sinnverständnis)
  Bd I: 74f, 138–149
- Literacy (Family Literacy, s. Alphabeti-
  sierung, s. Schriftkultur)

- **M**ediengebrauch (s. auch Lektüre)
  Bd I: 53f, 160

Register 167

Minimalpaare
 Bd I: 141f;
 Bd II: 102

Phoneme (auch Phonem-Graphem-Beziehung, s. Bewusstheit, phonematische)
 Bd I: 68ff;
 Bd II: 63
Prävention (s. Lernschwierigkeiten, s. Lernhilfen, s. Unterschiede zwischen fortgeschrittenen und schwachen Lernenden)
Problemlösen (s. Lesenlernen)

Rechtschreibleistung (s. Leistung)
Rechtschreibschwierigkeiten (s. Lernschwierigkeiten)
Regelbildung beim Lernen
 Bd I: 24, 49, 131;
 Bd II: 22, 118

Schema, kognitives (s. Wahrnehmung)
Schreibenlernen (als sprachanalytische Tätigkeit)
 Bd I: 14, 37–39, 72ff, 87, 100–115;
 Bd II: 37, 39, 66f
Schreibschema
 Bd I: 72ff;
 Bd II: 115f
Schrifterfahrung (Anbahnung von)
 Bd I: 23, 80–85;
 Bd II: 61f, 102f, 107
Schriftkultur
 Bd I: 23, 52ff, 88;
 Bd II: 34f, 48f, 59f
Schriftorientierung
 Bd I: 51;
 Bd II: 37, 61f, 115–119
Schriftsprache
 Bd I: 37, 52, 68f, 101f;
 Bd II: 37, 63f
Selbstkorrektur (s. Korrigieren)
Signalgruppe (s. Strukturieren des Wortes)
Silbe
 Bd I: 33, 71, 73, 134f, 148, 154, 159;
 Bd II: 49, 61

Sinnerwartung
 Bd I: 138f, 146–149, 160;
 Bd II: 94, 100, 104, 107
Sprachanalytische Tätigkeit (s. Schreibenlernen)
Sprache, geschriebene (s. Schriftsprache)
Sprache, gesprochene
 Bd I: 37, 52, 101f;
 Bd II: 39
Sprechen über Verfahren
 Bd I: 21f, 87, 92ff, 113, 156ff;
 Bd II: 119
Standards (für guten Unterricht)
 Bd I: 97–99
Strategie (s. Zugriffsweise, kognitive)
Strukturieren (des Wortes)
 Bd I: 13, 148f, 152–155;
 Bd II: 61, 94
Synthese
 Bd I: 13, 30, 34, 139ff, 158;
 Bd II: 86ff, 96, 100f, 107

Test, standardisierter
 Bd I: 50f;
 Bd II: 15, Anhang 147–157
Textschreiben
 Bd I: 55–59, 100ff, 103–108, 115–119, 124–129;
 Bd II: 44

Unterschiede zwischen fortgeschrittenen und schwachen Lernenden
 Bd I: 21f, 33f, 40–48, 124–129, 135;
 Bd II: 41ff, 52ff, 100–111

Wahrnehmung (s. auch kognitive Zugriffsweise, kognitives Schema)
 Bd II: 10–12, 118
Wortbedeutung
 Bd I: 32f, 63f, 72, 74f, 138–141
Wortschatz (Grundwortschatz)
 Bd I: 108f, 112f

Zone der nächsten Entwicklung (s. Lernen, Lernhilfen)
Zugriffsweise, kognitive
 Bd I: 11f, 16, 29, 35f, 52, 77f, 109f, 134ff;
 Bd II: 33–40, 47–51, 55–62, 72–78, 92–97

Fitmacher für die Grundschule

Lehrerbücherei Grundschule **Deutsch**	ISBN 978-3-589
Grammatikunterricht in der Grundschule	05065-9
Bildungsstandards für die Grundschule: Deutsch konkret	05138-0
Gute Aufgaben Deutsch	05131-1
Lesekompetenz erwerben, Literatur erfahren	05105-2
Lese- und Rechtschreibschwierigkeiten: vorbeugen und überwinden	05120-5
Richtig schreiben lernen von Anfang an	05126-7
Schreibaufgaben	05115-1
Schriftsprache erwerben	05146-5
Sprachunterricht heute	05121-2
Texte bearbeiten, bewerten und benoten	05076-5
Umgang mit Gedichten	05145-8
Wege zum selbstständigen Lesen	05022-2
Zeit für die Schrift. Band I / Band II	05108-3 / 05104-!
Ideenwerkstatt	
45 Unterrichtsideen Deutsch **NEU**	05160-1
Kopiervorlagen	
Lesekompetenzen gezielt fördern **NEU**	05153-3
Für das Schreiben begeistern **NEU**	05161-8
Kompakt	
Sprache untersuchen und erforschen **NEU**	05151-9

*Informieren Sie sich unter der Nummer 0180 12 120 20 (3,9 ct/min. aus dem Festnetz der Dt. Telekom)
oder in unserem Onlineshop: www.cornelsen-shop.de*